Im Erstkontakt gewinnen

Thomas Leck

Im Erstkontakt gewinnen

Worum es in Sekunden geht

Thomas Leck
München, Deutschland

ISBN 978-3-8349-3916-6 ISBN 978-3-8349-3917-3 (eBook)
DOI 10.1007/978-3-8349-3917-3

Die Deutsche Nationalbibliothek verzeichnet diese Publikation in der Deutschen Nationalbibliografie; detaillierte bibliografische Daten sind im Internet über http://dnb.d-nb.de abrufbar.

Springer Gabler
© Springer Fachmedien Wiesbaden 2012
Dieses Werk einschließlich aller seiner Teile ist urheberrechtlich geschützt. Jede Verwertung, die nicht ausdrücklich vom Urheberrechtsgesetz zugelassen ist, bedarf der vorherigen Zustimmung des Verlags. Das gilt insbesondere für Vervielfältigungen, Bearbeitungen, Übersetzungen, Mikroverfilmungen und die Einspeicherung und Verarbeitung in elektronischen Systemen.

Die Wiedergabe von Gebrauchsnamen, Handelsnamen, Warenbezeichnungen usw. in diesem Werk berechtigt auch ohne besondere Kennzeichnung nicht zu der Annahme, dass solche Namen im Sinne der Warenzeichen- und Markenschutz-Gesetzgebung als frei zu betrachten wären und daher von jedermann benutzt werden dürften.

Lektorat: Manuela Eckstein

Gedruckt auf säurefreiem und chlorfrei gebleichtem Papier.

Springer Gabler ist eine Marke von Springer DE. Springer DE ist Teil der Fachverlagsgruppe Springer Science+Business Media
www.springer-gabler.de

Vorwort

Die Werte, die wir als Kind mit auf unseren Lebensweg bekommen, sind sehr prägend. So waren es die Worte meiner Großmutter, die schon früher zu mir sagte: „Mein Junge, merke dir eins für dein Leben: Es gibt keine zweite Chance für den ersten Eindruck!" Diese Botschaft verinnerlichte ich immer stärker, je älter ich wurde, und die Lebensweisheit meiner Großmutter sollte sich bald bestätigen.

Menschen in kurzer Zeit für sich zu gewinnen, darüber entscheiden im Leben oft die ersten 20 Sekunden in einer Begegnung. Im Verkauf, im direkten Kundenkontakt – persönlich wie auch am Telefon – ist es elementar wichtig, diese ersten 20 Sekunden bewusst zu nutzen. In all meinen vielen Erstkontakt-Gesprächen war es stets mein Ziel, jeden Kunden für mich zu gewinnen sowie diesen individuell und erfolgreich zu beraten. Allerdings musste ich oft damit leben, den einen oder anderen Kunden durch einen misslungenen Erstkontakt verloren zu haben. Was hatte ich falsch gemacht? Mein bisheriges Handeln basierte stets auf meiner Intuition, gepaart mit dem erworbenen Fachwissen vieler besuchter Verkaufstrainings.

Zur damaligen Zeit war mir nicht bewusst, welche grundlegenden Voraussetzungen geschaffen werden müssen, um mehr Menschen für mich und meine Ideen gewinnen zu können. Nach einer gründlichen Analyse vieler Kundengespräche erkannte ich dann selbst, dass die Würfel schon im Erstkontakt mit einem potentiellen Kunden oder fremden Gesprächspartner fallen. Ich beschloss daraufhin, mich speziell in diesem Bereich weiterzubilden, und besuchte einige Seminare.

Schnell musste ich feststellen, dass mir keine der besuchten Weiterbildungsmaßnahmen Aufschluss darüber gab, welche wesentliche Dinge im Erstkontakt mit einem neuen Gesprächspartner zu beachten sind. Erst durch das Kennenlernen des Persönlichkeitsmodells „Biostruktur-Analyse (STRUCTOGRAM®)" im Zuge meiner Trainerausbildung eröffnete sich für mich die Möglichkeit, meine eigene Persönlichkeitsstruktur und die meines Gegenübers besser zu verstehen. Ich lernte, meine Kunden gezielter wahrzunehmen. Es war plötzlich möglich, mehr Kunden für mich und meine Produkte zu gewinnen. Dadurch gelang es mir, meinen Verkaufserfolg um ein Vielfaches zu steigern. Dieser Erfolg, der mir durch eine bessere Selbst- und Menschenkenntnis ermöglicht wurde, und die Begegnungen mit vielen Menschen inspirierten mich, dieses Buch zu veröffentlichen.

Inhaltsverzeichnis

Vorwort ___ 5

Einführung ___ 11

1 **Grundlegendes zum Erstkontakt** ___ 13
   1.1 Erkenne Dich selbst, Dein Gegenüber und gewinne
im Erstkontakt! ___ 13
   1.2 Die Biostruktur-Analyse – Der Bauplan der Persönlichkeit ___ 16
   1.3 Die drei verhaltenssteuernden Gehirne ___ 18
   1.4 Das STRUCTOGRAM® – Der genetische Code
der Persönlichkeit ___ 22

2 **Vor dem Erstkontakt** ___ 27
   2.1 Was verstehen wir unter einem Erstkontakt? ___ 27
   2.2 Wie wichtig ist ein gelungener Erstkontakt? ___ 30
   2.3 Was ist das oberste Ziel ? ___ 31
   2.4 Wie können wir das oberste Ziel erreichen? ___ 38
   2.5 Die Vorbereitung auf einen geplanten Erstkontakt ___ 42
   2.6 Die Vorbereitung auf einen spontanen Erstkontakt ___ 53
   2.7 Empfohlener Businessauftritt für den geplanten Erstkontakt _ 58
   2.8 Unwägbarkeiten vor und während eines geplanten
Erstkontakts ___ 61
   2.9 Zehn Minuten vor dem geplanten Erstkontakt ___ 65

3 **In einem Erstkontakt** ___ 71
   3.1 Die individuelle Begrüßung ___ 71
   3.2 Was nehmen wir in einem Erstkontakt wahr? ___ 78
   3.3 Die richtige Erstansprache – Beispiele ___ 84
   3.4 Power-Talking: Die Macht Ihrer Sprache ___ 95
   3.5 Körpersprache, Pacen und Rapport in einem Erstkontakt ___ 101
   3.6 Wirkung und Ausstrahlung ___ 106
   3.7 ERFOLG – Die Gewinnerformel in einem Erstkontakt ___ 111
   3.8 Der Umgang mit schwierigen Persönlichkeiten ___ 115
   3.9 Die 14 Todsünden im Erstkontakt ___ 119
   3.10 Die professionelle Verabschiedung – Die letzten
20 Sekunden ___ 124
   3.11 Vorsicht mit Werbegeschenken! ___ 127

4 Nach dem Erstkontakt _____ 131
   4.1   Grundsätzliche Empfehlungen zur Nachbereitung _____ 131
   4.2   Die individuelle Nachbereitung _____ 133

Schlusswort _____ 135

Danksagung _____ 137

Quellenverzeichnis _____ 139

Der Autor _____ 141

Einführung

Das erste Zusammentreffen mit einem neuen Geschäftspartner oder einem potenziellen Neukunden ist eine sehr wichtige Phase und stellt für viele Verkäufer, Außendienstmitarbeiter und für Messepersonal eine große Herausforderung dar. Wissenschaftlich belegte Untersuchungen und auch meine eigene Praxiserfahrung haben mir immer wieder gezeigt, dass zum Beispiel ein falscher Satz, zu schnelles Sprechen, zu viel Dominanz, eine falsche Geste, ein missfallendes Erscheinungsbild, ein Zuviel oder Zuwenig an Zuwendung dazu führen können, dass man sein Gegenüber bereits im Erstkontakt verliert, noch bevor man überhaupt die Chance hatte, diese Person für sich zu gewinnen.

Renommierte Gehirnforscher haben herausgefunden und mehrfach bestätigt, weshalb wir innerhalb kürzester Zeit zwischen Akzeptanz oder Ablehnung, zwischen Freund oder Feind entscheiden. Aus der Evolution der Lebewesen auf unserer Erde ergab sich die Erkenntnis, dass es für das Überleben entscheidend ist, blitzschnell Freund oder Feind unterscheiden zu können. Jedes Zögern konnte und kann die Gefahr mit sich bringen, zum Opfer eines Angreifers zu werden. Längeres Überlegen, jegliche Versuche zu differenzieren und abzuschätzen, brachte und bringt Lebensgefahr für die Lebewesen mit sich. Ein blitzschnelles Erkennen der Absichten eines Angreifers eröffnet dagegen die Handlungsoptionen, vor dem Feind zu fliehen, sich zu verstecken oder sich dem Kampf zu stellen.

Diese Mechanismen im Gehirn haben sich auf uns Menschen übertragen. Gehirnforscher orten sie im Zwischenhirn, dem Teil unseres Gehirnes, das die wichtigsten Sinneswahrnehmungen verarbeitet: Sehen, Hören, Riechen, Schmecken, Tasten und Fühlen. Mehrere tausendmal in der Sekunde leistet unser Zwischenhirn diese Arbeit, ohne dass wir diese Vorgänge bewusst wahrnehmen. Dabei funktioniert das Gehirn wie der schnellste Computer: Es unterscheidet nur zwischen Positiv und Negativ, zwischen Akzeptanz oder Ablehnung. Unentschieden ist nicht zugelassen. Zögern ist gefährlich.

Natürlich geht es im Erstkontakt nicht mehr um Fressen oder Gefressenwerden. Aber diese Reaktionen sind noch heute in unserem Zwischenhirn ebenso angelegt wie vor vielen Millionen Jahren. Betreten Sie beispielsweise einmal ein Restaurant und suchen Sie nach einem freien Platz. Wenn alle Tische besetzt sind, sodass Sie sich zu jemandem mit an den Tisch setzen müssen, mustern Sie vorher die Gäste, und Ihr Gehirn entscheidet innerhalb von Sekunden zwischen Sympathie und Antipathie. Sie werden sich ziemlich sicher zu den Personen setzen, die Ihnen sympathisch erscheinen. Dabei kann sich das Zwischenhirn allerdings auch irren: Der erste Eindruck ist nicht immer der richtige!

Die Zwischenhirn-Entscheidungen werden in Höchstgeschwindigkeit getroffen, und so kann es auch zu Ungenauigkeiten kommen. In der Natur ist das nicht schlimm: Lieber einmal zu viel auf „Feind" geschaltet, und die gefürchtete Schlange war nur ein Gartenschlauch, als umgekehrt. Doch im Erstkontakt ist es fatal, denn hier besteht die Gefahr, dass wir einen falsch eingeschätzten Gesprächspartner durch ein verkehrt angepasstes Verhalten als potenziellen Kunden verlieren. Seien Sie sich deshalb stets bewusst, dass jeder neu gewonnene Erstkontakt die Basis für Ihren langfristigen Erfolg sichert.

Ich wünsche Ihnen viel Spaß beim Lesen dieses Buches und ein daraus resultierendes erfolgreiches Erstkontakten!

Ihr *Thomas Leck*

1 Grundlegendes zum Erstkontakt

1.1 Erkenne Dich selbst, Dein Gegenüber und gewinne im Erstkontakt!

Abbildung 1: Ein Spiegel

„Erkenne dich selbst" – dieser Leitspruch ist Ihnen sicher bekannt. Er steht schon seit weit über zweitausend Jahren eingemeißelt am Apollon-Tempel zu Delphi. Erst die Antwort auf die Frage „Wer bin ich denn eigentlich wirklich?" bietet die Chance, ganz der zu sein, der man wirklich ist, und ganz der zu werden, der man sein könnte. Leicht ist das allerdings nicht. Es erfordert einige Arbeit an sich selbst.

Sich selbst besser kennenzulernen, um somit die Kraft der eigenen Authentizität zu erleben, interessiert offenbar die Menschen seit Tausenden von Jahren, und das Interesse daran wird sich auch in Zukunft sicher niemals legen. Fachbücher, die diesen Fragen auf den Grund gehen, stehen regelmäßig und oftmals monatelang auf den ersten Plätzen der Bestseller-Listen.

Viele Wege wurden beschritten, um sich selbst besser kennenzulernen: Die Handlinien wurden bemüht, der Körperbau, die Gesichtsformen, die Nase, die Ohren. Grafologen analysieren Handschriften. „Sage mir, wie du isst, und ich sage dir, wer du bist!", las man in einer Zeitschrift für gesundes Leben. Psychoanalytiker gehen in die Tiefe der Persönlichkeit, erforschen die Prägungsphasen des Gemüts und der inneren Programmierung.

Auch die Sternzeichen werden bemüht, mehr über sich selbst, seine eigene Persönlichkeitsstruktur, seine Stärken und Schwächen zu erfahren. Astrologen bedienen mit steigender Tendenz einen Millionenmarkt. Der Streit um die Wissenschaftlichkeit und Zuverlässigkeit der Astrologie im Zusammenhang mit dem Thema Selbstfindung wird wahrscheinlich bis in alle Zeiten andauern.

Bei allen Selbst- und Fremdbildern, die man erstellt, bleibt jedoch das Risiko der Fehleinschätzung: Manche schätzen sich negativer ein, als sie von außen gesehen werden, andere eher positiver. Die Gefahr einer Fehleinschätzung erschwert die zwischenmenschliche Kommunikation erheblich.

So kann es beispielsweise passieren, dass eine ältere Dame, die in einem Elektronik-Markt Auskunft über einen Laptop erbittet, als bemitleidenswerte Oma eingeschätzt wird und nicht als das erkannt wird, was sie wirklich ist, nämlich als eine IT-Spezialistin.

Viele Kundenberater glauben von sich, ihr Verhalten und ihre Wirkung auf andere seien „echt". Dabei ist der Großteil ihres Verhaltens bei genauerem Hinsehen durch das Umfeld geprägt oder zumindest stark beeinflusst. Dieses führt dazu, von außen als nicht authentisch wahrgenommen zu werden. Die Kenntnis der eigenen Persönlichkeitsstruktur (= Biostruktur) bildet die Voraussetzung, um Charisma und Authentizität zu entfalten. Doch wie bekomme ich Kenntnis meines „wahren Ich"?

In den letzten Jahrzehnten sind zahlreiche Verfahren zur Analyse der eigenen Persönlichkeitsstruktur entwickelt worden. Eines davon ist das Enneagramm, das drei Intelligenzzentren im menschlichen Gehirn beschreibt. Es soll auf Quellen zurückgehen, die älter als 2000 Jahre sind. Bereits im Mittelalter wurde es von vielen Mönchen genutzt. Auch im Orient und in Südamerika war dieses Verfahren bekannt und wurde von Mitgliedern des Jesuitenordens eingesetzt.

Weitere verbreitete Verfahren zur Erkundung der eigenen Persönlichkeitsstruktur sind u. a. das Alpha-Plus-Profil, das DISG- bzw. Persolog-Persönlichkeits-Modell, das Erkenntogramm, das Herrmann-Brain-Dominance-Instrument (HDBI), das INSIGHT-System sowie der MBTI Myers-Briggs-Typen-Indikator. Viele Psychologen, Trainer und Unternehmensberater haben den Ehrgeiz entwickelt, noch feiner differenzierende Verfahren auf dem Markt zu bringen, die hier gar nicht alle aufgeführt werden können. Diese dienen jedoch meist nur der Selbst-Erkennung.

Mit all den oben genannten Verfahren bin ich während meiner Aus- und Weiterbildungen sowie meiner 15-jährigen Vertriebstätigkeit in Berührung gekommen und habe diese auch im Einzelnen durchlaufen. Doch keines gab mir eindeutig darüber Aufschluss, wer ich *wirklich* bin, wie ich auf andere wirke, wie ich meinen Gesprächspartner in seinem Wesen sicher erkenne und wie ich diesen schnell für mich gewinnen kann.

Erst mit dem Kennenlernen des Persönlichkeitsmodells Biostruktur-Analyse (STRUCTOGRAM®) gelang es mir, mir meiner Wirkung auf andere sowie meiner Stärken, Schwächen und Begrenzungen bewusst zu werden, mich selbst zu erkennen und wahrhaftige Authentizität zu leben. Die besonderen Stärken der Biostruktur-Analyse liegen in der nachvollziehbaren, wissenschaftlichen Begründung und der einfachen, praktischen Umsetzbarkeit. Die Biostruktur-Analyse ist Basis des STRUCTOGRAM®-Trainings-Systems, das sich mittlerweile weltweit in 24 Ländern erfolgreich durchgesetzt hat.

Der gravierende Unterschied zu all den anderen Methoden und die Einzigartigkeit der Biostruktur-Analyse erweisen sich darin, dass nicht nur die eigene Biostruktur treffgenau erkundet wird, sondern nach systematischer Schulung auch die anderer Personen. Das richtige Analysieren der eigenen Biostruktur sowie die Ihres Gegenübers tragen entscheidend dazu bei, sich erstens der eigenen Wirkung auf andere bewusst zu werden und zweitens fremde Gesprächspartner in ihrem Wesen und in ihrem spontanem Verhalten richtig einzuschätzen. Dadurch schaffen Sie die Voraussetzung, um mehr Menschen bereits in einem Erstkontakt für sich zu gewinnen.

Mit freundlicher Genehmigung des Instituts für Biostruktur-Analysen AG, CH-Luzern (Inhaber der internationalen Markenrechte) und des Deutschen STRUCTOGRAM®-Zentrums Speyer wurden teilweise Texte aus den Lehrmitteln des STRUCTOGRAM®-Trainings-Systems bzw. entsprechende Informations-Unterlagen verwendet.

1.2 Die Biostruktur-Analyse – Der Bauplan der Persönlichkeit

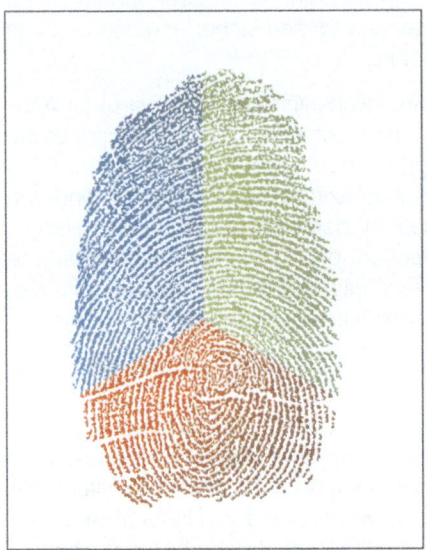

Abbildung 2: Fingerabdruck

Menschen sind verschieden – aber nicht so sehr, wie wir manchmal denken!

Ein großer Teil aller nun folgenden Empfehlungen und Vorgehensweisen baut auf dem wissenschaftlich fundierten und zigtausendfach bestätigten Persönlichkeitsmodell Biostruktur-Analyse auf, das im Folgenden näher beschrieben wird.

Der weltweit anerkannte US-amerikanische Hirnforscher Prof. Dr. Paul MacLean (seinerzeit Direktor des staatlichen Instituts für Gehirn- und Verhaltensforschung in Bethesda, Maryland, USA) untersuchte bereits Anfang der 70er Jahre die evolutionsbiologischen Mechanismen des menschlichen Gehirns. Bei seinen Forschungsarbeiten fand er heraus, dass drei Bereiche des menschlichen Gehirns, nämlich das Stammhirn, das Zwischenhirn (Limbisches System) und das Großhirn, evolutionsgeschichtlich verschieden alt sind, unterschiedliche Funktionen erfüllen und zusammen menschliches Verhalten steuern.

Diese Erkenntnis diente Ende der 80er Jahre als Grundlage der gemeinsamen Forschung von MacLean und Rolf W. Schirm, den deutschen Anthropologen, und machte es möglich, die genetisch-veranlagten Grundkomponenten der Persönlichkeit zu identifizieren und diese mit den vorliegenden Merkmalen zur Beschreibung der menschlichen Persönlichkeit zu vernetzen. So entstand das Persönlichkeitsmodell Biostruktur-Analyse.

Mit der Biostruktur-Analyse gelingt es wertfrei, die persönliche, individuelle Grundstruktur eines Menschen zu ermitteln. Sie ist ein ausgezeichnetes System, um sich selbst und die Menschen in ihrem Wesen und spontanen Verhalten zu erkennen. Die Biostruktur eines Menschen unterscheidet bei der menschlichen Persönlichkeit zwischen der genetisch veranlagten, nicht veränderbaren Grundstruktur und den umweltbedingten, veränderbaren Merkmalen. Somit lässt sich zweifelsfrei definieren, welche Persönlichkeitsmerkmale bei allen Menschen dauerhaft veränderbar sind und welche nicht.

Die Beschreibung der individuellen Biostruktur ergibt sich aus dem spezifischen Einflussverhältnis der drei Gehirne: Stammhirn, Zwischenhirn und Großhirn (Näheres dazu erfahren Sie in Kapitel 1.3).

Anstelle allgemeiner „Handlungsrezepte" wird durch die Biostruktur-Analyse die Individualität des einzelnen Menschen in den Vordergrund gestellt. So kann jeder Mensch sein persönliches Potenzial optimal entfalten und ausschöpfen. Er lernt zum einem, wie er sich in Übereinstimmung mit seiner Natur weiterentwickeln kann und dabei im Bereich seiner Authentizität bleibt, und zum andern, wie es gelingt, völlig fremde Persönlichkeiten in ihrem Wesen und spontanen Verhalten zu erkennen. Dadurch ist ein wichtiger Grundstein gelegt, um potenzielle Kunden, Gesprächspartner und Gäste im Erstkontakt typgerecht anzusprechen und zu gewinnen.

International wird die Biostruktur-Analyse durch den Schweizer Franchise-Geber IBSA Institut für Biostruktur-Analysen AG, Luzern, repräsentiert. Es bestehen 24 internationale Zentren weltweit. In Deutschland wird die Biostruktur-Analyse durch das Deutsche STRUCTOGRAM®-Zentrum (DSZ GmbH) in Speyer vertreten.

Lesen Sie in den folgenden zwei Abschnitten, wie sich die drei verhaltenssteuernden Gehirne evolutionsbedingt entwickelt haben und heute maßgeblich unser Handeln und unsere Wirkung speziell in einem Erstkontakt beeinflussen.

1.3 Die drei verhaltenssteuernden Gehirne

Es ist schon unglaublich, dass in einem etwa zwei Kilogramm schweren, aus weichen, grauen und weißen Substanzen bestehenden Organ mit über 100 Milliarden Nervenzellen all das untergebracht ist, was uns als Menschen ausmacht. Das menschliche Gehirn und seine Funktionen sind unübertroffen vielschichtig, vielseitig, und dieses unscheinbare Etwas ist der Sitz unserer Persönlichkeit, unseres Erlebens und unserer Gefühle.

Der griechische Arzt Hippokrates schrieb vor fast zweieinhalbtausend Jahren Folgendes nieder:

„Ich glaube, dass das Gehirn eine sehr große Macht im Menschen besitzt … Die Menschen müssen ferner wissen, dass von nirgends anders her Freude und Frohsinn, Lachen und Scherzen kommen als daher, woher auch Trauer und Kummer, Missmut und Weinen herrühren. Durch dieses Organ denken, sehen und hören wir und beurteilen wir das Hässliche und Schöne. Das Schlechte und Gute, das Angenehme und Unangenehme … Durch eben dieses Organ geraten wir aber auch außer uns, treten Ängste und Schrecken an uns heran, ebenso Träume, unzeitige Irrtümer, unbegründete Sorgen … Das Gehirn verstehen heißt, die Natur des Menschen zu verstehen." (Hippokrates: Corpus Hippocraticum, 435 v. Chr.)

Diese Erkenntnis traf auf große Skepsis. Insbesondere der Philosoph, Mathematiker und Physiker Aristoteles machte sich hundert Jahre später über Hippokrates lustig und war überzeugt, dass das Gehirn, ausgestattet mit einer riesigen und zerklüfteten Oberfläche, nur dazu diene, das im Herzen erhitzte Blut abzukühlen. Dieser Annahme verdanken wir, dass wir allzu viel dem Herzen zuschreiben, „herzlich" grüßen, „hartherzig" sein können, jemandem „von Herzen gern haben" und das Herz als Symbol der Liebe ansehen. Jedoch wissen wir heute, dass sich Aristoteles geirrt hat und Hippokrates Recht behielt. Das Herz reagiert auf die vom Gehirn ausgesandten Botenstoffe. Durch Aristoteles' falsche Annahme wurde die Gehirnforschung um Hunderte von Jahren zurückgeworfen. Letztendlich ist es der ständigen Fortentwicklung analytischer Methoden und neuer Technologien zu verdanken, dass wir dem Wirken unseres Gehirnes einigermaßen auf die Spur kommen.

Heute im 21. Jahrhundert wissen wir, dass das Gehirn unser menschliches Zentrum ist und mit das Komplexeste, was die Natur je geschaffen hat. Der Mensch hat sich mit seiner Wissenschaft im tiefsten Innern selbst erforscht, um sich so selbst besser verstehen und erkennen zu lernen.

Der amerikanische Hirnforscher Professor Dr. Paul D. MacLean beschäftigte sich in den 70er und 80er Jahren mit den evolutionsbiologischen Grundlagen und Wirkungsmechanismen des Gehirns. Dabei entdeckte er, dass unser Gehirn in seiner Entwicklung die wesentlichen Züge aus unterschiedlichen Zeitaltern der Evolution beibehalten hat. Er stellte fest, dass wir es beim Gehirn mit keinem einheitlichen Organ zu tun haben, sondern im Grunde mit drei unterschiedlichen Gehirnen. MacLean prägte dafür den Begriff des „Triune Brain" („Drei-einiges Gehirn"). Seine Entdeckung trägt heute viel zum Verständnis der Zusammenhänge zwischen der Hirnstruktur und dem menschlichen Wesen bzw. Verhalten bei. [1]

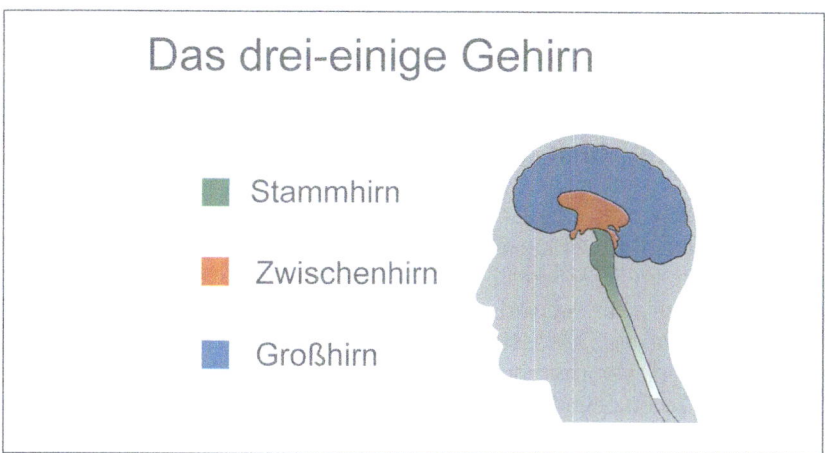

Abbildung 3: Das drei-einige Gehirn

Unser „drei-einiges Gehirn" leistet Unglaubliches. Nachfolgend eine kurze Zusammenfassung, was die Wissenschaft im Einzelnen über die drei verhaltenssteuernden Gehirne bis heute herausgefunden hat.

Das Stammhirn

Das Stammhirn – das Gehirn der Selbsterhaltung, Speicher der Erfahrungen von Jahrmillionen. Das Stammhirn, das schon vor rund 300 Millionen Jahren entstand und nicht sehr viel größer als ein Daumen ist, ist der entwicklungsgeschichtlich älteste Teil des Gehirns und Sitz der Instinkte und Lebensgefühle. Es ist für die essenziellen Lebensfunktionen zuständig und steuert unter anderem Herzfrequenz, Blutdruck sowie die Atmung. Zudem ist es für einige wichtige Reflexe wie den Lidschluss-, Schluck- oder Husten-Reflex verantwortlich. Das Stammhirn bildet die Schnittstelle zwischen dem übrigen Gehirn und dem Rückenmark. Eintreffende Informationen leitet es über Kreuz weiter. Aus diesem Grund wird die linke Körperhälfte von der rechten Hälfte des Großhirns gesteuert und umgekehrt.

Im Stammhirn werden spezielle Neurotransmitter (Gehirn-Botenstoffe) wie Dopamin, Serotonin und Norepinephrin produziert. Diese werden in andere Gehirnregionen transportiert und greifen hier ebenfalls steuernd ein. Ist dieses Gleichgewicht gestört, kann es neuropsychologische Erkrankungen auslösen. Wegen seiner grundlegenden Bedeutung für nahezu alle Hirnfunktionen untersuchen Forscher seit langem intensiv die Auswirkungen der Botenstoffe auf verschiedene Regionen des Gehirns.

Das Zwischenhirn (Limbisches System)

Das Zwischenhirn – das Gehirn der Emotionen, der Selbstbehauptung im Daseinskampf. Es ist ca. 65 Millionen Jahr alt und schließt sich an das Stammhirn an. Im Zwischenhirn hat auch der Thalamus seinen Sitz, das Tor zum Bewusstsein. Er fungiert als Filter und Verteiler, entscheidet, welche Sinneseindrücke ins Bewusstsein eindringen dürfen, und leitet sie an die entsprechenden Verarbeitungszentren weiter. Das Zwischenhirn erzeugt Emotionen. Die Emotionen beladen zunächst jede Wahrnehmung mit einem Vorurteil. Dabei gibt es keine Neutralität, sondern nur Positiv oder Negativ, sprich Akzeptanz oder Ablehnung, Freund oder Feind. Dieses kann speziell in einem Erstkontakt schnell zu einer Fehleinschätzung des Gegenübers führen, was fatale Folgen haben kann.

Ein weiterer wichtiger Bereich des Zwischenhirns ist der Hypothalamus. Er dient als Vermittler zwischen Hormon- und Nervensystem. Dabei steuert er zum Beispiel den Schlaf-Wach-Rhythmus, Hunger und Durst, aber auch den Sexualtrieb. Er verarbeitet auch das Schmerz- und Temperaturempfinden.

Das Großhirn

Das Großhirn – das Gehirn des Selbstbewusstseins, der Rationalität, des planenden Handelns und der Voraussicht. Es ist ca. zehn Millionen Jahre alt und somit evolutionsgeschichtlich das jüngste verhaltenssteuernde Gehirn im Menschen. Das Großhirn ist in zwei Hälften geteilt (linke und rechte Hemisphäre). Die beiden Hälften sind durch ein dickes Nervenbündel (Balken) miteinander verbunden und arbeiten eng zusammen.

Die vielfach gefaltete Hirnrinde bildet die äußerste Schicht des Großhirns und beherbergt unter anderem die Lern-, Sprech- und Denkfähigkeit sowie das Bewusstsein und wesentliche Bereiches des Gedächtnisses. In der Hirnrinde laufen die Informationen aus den Sinnesorganen ein, die verarbeitet und schließlich im Gedächtnis gespeichert werden.

MacLean weist darauf hin, dass diese drei verschiedenartigen Gehirne einerseits eigenständig sind, andererseits eng zusammenarbeiten und sich miteinander verständigen. Erst aus dem Zusammenwirken des instinktiv-gefühlsmäßigen Stammhirns, des impulsiv-emotionalen Zwischenhirns und des kühl-rationalen Großhirns entsteht menschliches Verhalten. [1]

Alle drei Gehirne (Stammhirn, Zwischenhirn und Großhirn) sind das Fundament der individuellen, menschlichen Biostruktur und werden somit zur zentralen Ausgangsbasis für das erfolgreiche Gelingen eines Erstkontakts.

Zwangsläufig drängt sich nun noch die Frage auf, warum wir es mit drei Gehirn-Komponenten bezüglich des menschlichen Verhaltens zu tun haben. Warum nicht zwei, fünf oder zehn?

Die Zahl 3 hat in den Grund-Ordnungen, die für den Menschen entscheidend sind, von jeher eine besondere Rolle gespielt. Man findet triadische Ordnungssysteme durch alle Zeiten und in allen Kulturen. Seit mehr als 5000 Jahren legen große Persönlichkeiten die sogenannten „triadischen Systeme der Persönlichkeit" dem menschlichem Reagieren, Handeln und Denken zugrunde. Ayurveda kennt die Einflussgrößen der Erde (Kapha), des Feuers (Pitta) und der Luft (Vata). Platon unterschied die Begierde, den Willen und die Vernunft. Paracelsus wollte Körper, Geist und Seele als ein Ganzes betrachten. Pestalozzi benannte Herz, Hand, Kopf als vollkommene Einheit. Freud unterschied das Es vom Ich und dem Über-Ich. Die Transaktionsanalyse unterscheidet zwischen Kindheits-Ich, Eltern-Ich und Erwachsenen-Ich. Eine Fülle weiterer Denk- und Analysemodelle erkennt das Zusammenwirken dreier Kräfte. Letztlich ist auch die dem christlichen Glauben fundamentale Dreifaltigkeit Gott Vater, Gott Sohn und Heiliger Geist zu nennen. [1]

In einem Erstkontakt sind es eben diese drei Gehirne, die es Ihnen überhaupt erst ermöglichen, mit einem anderen Menschen in Beziehung zu treten. Um Neukunden, fremde Personen und potenzielle Geschäftspartner erfolgreich zu gewinnen, ist es elementar zu wissen, welches Gehirn genau Sie selbst und auch Ihren Gesprächspartner motiviert, antreibt zu handeln und das Entscheidungsverhalten steuert.

Nachdem Sie dieses Buch durchgearbeitet und idealerweise vertiefend ein systematisches Training absolviert haben, können auch Sie die Fähigkeiten Ihrer drei Gehirne nutzen, um sich binnen 20 Sekunden auf eine Person so einzustellen, dass zwischen ihr und Ihnen eine unsichtbare, aber feste Beziehungsbrücke entsteht.

Im nächsten Kapitel erfahren Sie, welche Verhaltensweisen den drei Gehirnen zuzuordnen sind und mit welchem Werkzeug es Rolf W. Schirm, dem Begründer der Biostruktur-Analyse, gelang, das Einflussverhältnis der drei Gehirne bei jedem Menschen nach der Durchführung der Biostruktur-Analyse zu visualisieren.

1.4 Das STRUCTOGRAM® – Der genetische Code der Persönlichkeit

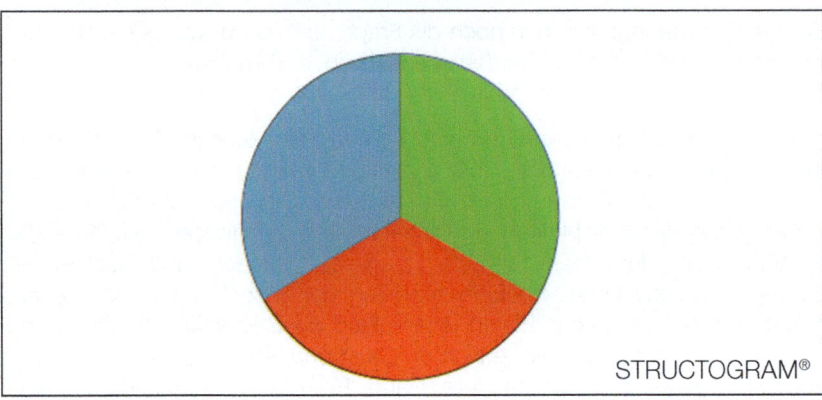

Abbildung 4: Die STRUCTOGRAM®-Scheibe

Wir haben es also mit drei Hirnbereichen zu tun, die menschliches Verhalten steuern und somit auch entscheidend die Wirkung im Erstkontakt bestimmen. Aus diesem Grund möchte ich auf diese drei Hirnbereiche noch etwas näher eingehen.

Rolf W. Schirm gelang es in den 80er Jahren, ein Werkzeug zu entwickeln, das die Möglichkeit bietet, das unterschiedliche Einflussverhältnis der drei Hirnbereiche bei jeder Person nach der Durchführung der Biostruktur-Analyse visuell darzustellen. Auf diese Weise entstand das STRUCTOGRAM®.

Das STRUCTOGRAM® visualisiert also das Ergebnis der Biostruktur-Analyse. Dabei handelt es sich um ein Kreisdiagramm, das in die drei Sektoren Grün, Rot, und Blau unterteilt ist (siehe Abb.4). Die drei Farbsektoren markieren, in welchem Verhältnis die drei Hirnregionen (Sektor Grün = Stammhirn, Sektor Rot = Zwischenhirn, Sektor Blau = Großhirn) beim Einzelnen ausgeprägt sind.

Je größer einer der drei Kreissektoren nach dem Durchführen der Biostruktur-Analyse im Ergebnis ausgeprägt ist, desto durchschlagender macht sich die entsprechende Hirnregion im Wesen und Verhalten des Menschen bemerkbar. Auch das anteilige Einflussverhältnis der anderen beiden verbleibenden Sektoren spielt eine große und wichtige Rolle. So ist es von entscheidender Wichtigkeit zu wissen, welcher der drei Sektoren beim einzelnen nach einer Analyse am schwächsten ausgeprägt ist. Was bedeutet das im Einzelnen?

Nimmt der Sektor Grün im Ergebnis einer durchlaufenden Analyse den größten Raum ein (siehe Abb. 5), dann dominiert das Stammhirn und der Betreffende zeichnet sich zum Beispiel durch eine sympathische Ausstrahlung, eine hohe Kontaktfreudigkeit und viel Empathie aus. Ist in Verbindung hierzu der Sektor Rot am zweitstärksten ausgeprägt, haben wir es mit einem Menschen zu tun, der neben seiner Sympathie gegenüber anderen auch einmal Entschlossenheit, Spontanität und Willensstärke in seinem Wesen zeigt. Sollte sich der Sektor Blau als zweitstärkster Bereich herauskristallisieren, so ist dieser Mensch nach seiner hohen Empathie auch von starren Strukturen, vorausschauendem Handeln und Unentschlossenheit geprägt.

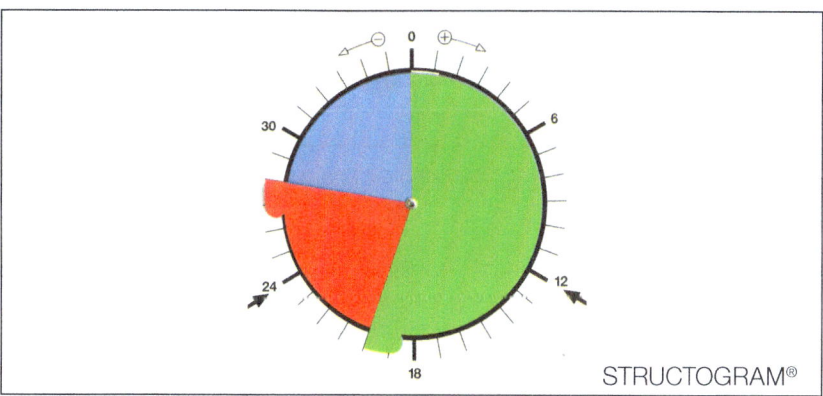

Abbildung 5: Die STRUCTOGRAM®-Scheibe

Ist der Sektor Rot nach dem Durchlaufen einer Analyse im Kreisdiagramm am größten (siehe Abb. 6), dann prägt das Zwischenhirn das Erscheinungsbild. Dieser Mensch demonstriert zum Beispiel Leistungswille, hohe Risikobereitschaft, Autorität sowie starken Profilierungsdrang. Auch hier gilt es, den

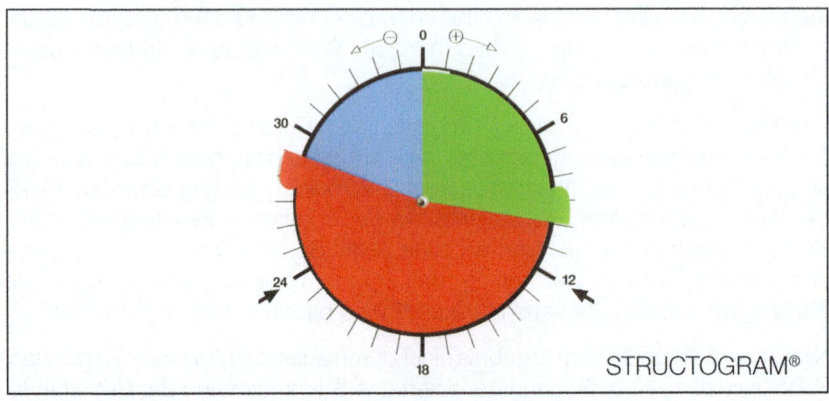

Abbildung 6: Die STRUCTOGRAM®-Scheibe mit Rot-Dominanz

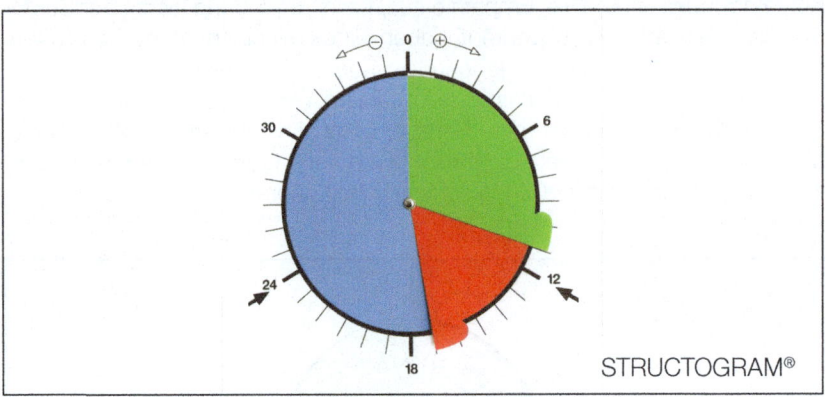

Abbildung 7: Die STRUCTOGRAM®-Scheibe mit Blau-Dominanz

zweiten Sektor nicht zu vernachlässigen, da sich auch dieser maßgeblich auf die Persönlichkeit des einzelnen auswirkt. Gesprächspartner, die neben einem hohen Rot-Anteil auch mit viel Grün gesegnet sind, haben neben dem vorhandenen Profilierungsdrang viel Verständnis und Einfühlungsvermögen für ihr Gegenüber. Ist jedoch der Blau-Sektor der zweitstärkste Bereich, können Sie sich neben der hohen Autorität auf ein rein sachlich bezogenes Miteinander einstellen.

Der Sektor Blau spiegelt das Großhirn wider (siehe Abb. 7). Gesprächspartner, die im Sektor Blau ihre Hauptdominanz finden, werden zum Beispiel von Scharfsinn, technischer Gewandtheit, intellektueller Überzeugungskraft, aber auch von einem Bedürfnis nach Distanz beherrscht. Ist dann der am zweitstärksten ausgeprägte Anteil Rot zu finden, haben Sie es neben der kühlen, sachlichen Distanz auch mit viel Dominanz zu tun. Als angenehmer werden diese Gesprächspartner meist empfunden, wenn der Sektor Grün als zweitstärkster Bereich wahrgenommen wird.

Hinter jedem der drei verhaltenssteuernden Gehirne steckt auch ein bevorzugter Umgangswunsch sowie weitere fest installierte und angelegte Programme. Dies führt dazu, das Sie Personen speziell im Erstkontakt verschiedenartig begegnen sollten, um diese schnell und sicher für sich gewinnen zu können. Hierauf gehen wir in Kapitel 3 näher ein.

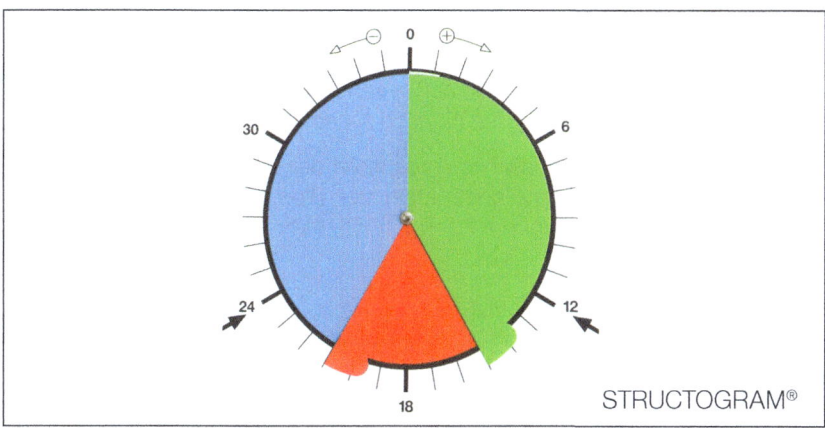

Abbildung 8: Die STRUCTOGRAM®-Scheibe mit Doppel-Dominanz

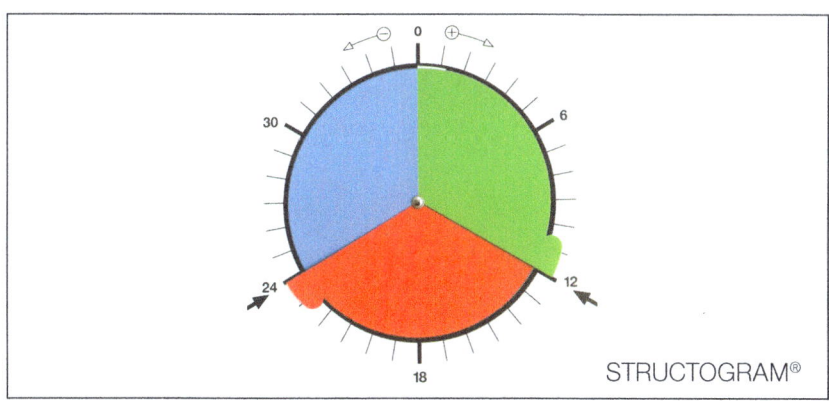

Abbildung 9: Die STRUCTOGRAM®-Scheibe mit ausgeglichenen Sektoren

Eine weit verbreitete Kritik an Persönlichkeitsstrukturanalysen ist, dass diese Systeme zum Schubladendenken verleiten. Es wird kritisiert, dass man Menschen nicht einfach in Kästen mit der Aufschrift Grün, Rot, Blau oder mit ähnlichen Schildern packen könne. Dafür seien Menschen nun einmal zu verschieden, jeder ein Individuum, wie es kein Zweites auf der Erde gibt.

Diese Kritik ist berechtigt, sofern jemand die Persönlichkeiten nach den Kategorien des STRUCTOGRAM®s tatsächlich unbedacht und pauschal in Grün, Rot oder Blau einsortiert, ohne weiter zu differenzieren.

Niemand ist, wenn wir bei diesen Typisierungen bleiben wollen, nur „Grün", „Rot" oder „Blau". Wer fachkundig mit den STRUCTOGRAM®-Anteilen umgeht, spricht daher von Grün-, Rot- oder Blau-Dominanz, also der Komponente mit den höchsten Anteilen, von der Zweit-Komponente und von der schwächsten Komponente. Selbstverständlich ist es auch möglich, dass zwei Komponenten gleiche Anteile aufweisen (siehe Abb. 8). Auch die Gleichheit der drei Komponenten ist gar nicht so selten (siehe Abb. 9).

Es kommt also immer auf das Zusammenspiel der drei Komponenten an. So ergeben sich aufgrund der Konstruktion der Biostrukturanalyse insgesamt 412 Einstellmöglichkeiten auf der STRUCTOGRAM®-Scheibe. [1]

2 Vor dem Erstkontakt

2.1 Was verstehen wir unter einem Erstkontakt?

Ein Ihnen bisher völlig fremder Mensch betritt zum Beispiel Ihre Ausstellungsfläche, Ihr Büro oder Ihr Ladengeschäft. Ein neuer, unbekannter Gast steuert auf die Rezeption bzw. auf Sie zu, offenbar auf der Suche nach einem vorteilhaften Kontakt, nach einem nutzenbringenden Produkt oder nach Wohlbefinden. In wenigen Sekunden werden Sie die ersten Worte mit dieser Person wechseln. Bereits in dem Moment, in dem eine gegenseitige Wahrnehmung beginnt, befinden Sie sich in einem Erstkontakt!

Unter einem Erstkontakt verstehen wir also das allererste Zusammentreffen – sowohl persönlich als auch am Telefon – zweier sich bis dahin völlig fremden Personen. Im Alltag sind diese ersten Begegnungen in der Regel spontan: auf der Straße, in öffentlichen Verkehrsmitteln, beim Einkaufen, etc. Das heißt, sie finden unvorbereitet, nicht verabredet statt, mit Menschen, denen wir zufällig begegnen.

Im beruflichen Kontext finden Erstkontakte oftmals vorhersehbar statt, so zum Beispiel an einer Hotelrezeption, am Messestand, in Ladengeschäften, in der Telefonzentrale, in der Finanz- und Vermögensverwaltung sowie in allen wesentlichen Dienstleistungsbereichen. Vorhersehbar bei all diesen Erstkontakten ist, dass der Gesprächspartner auf Sie zukommt und Ihnen somit ein wenig Zeit bleibt, sich auf Ihr Gegenüber einzustellen. Nicht vorhersehbar ist allerdings oft, welche Motive, Erwartungen und Persönlichkeit Ihr Gegenüber hat. Nun sollten Sie die Erwartungen dieser Person nach Möglichkeit so weit erfüllen, dass es zu einer Vertiefung und zu einem Gelingen des Erstkontakts kommt – und somit zu einer möglichst dauerhaften und erfolgreichen Kunden- und Geschäftsbeziehung.

Ein Erstkontakt kann überall und jederzeit stattfinden. Das Interessante hierbei ist, dass dieser Kontakt zwischen zwei fremden, sich aufeinander zu bewegenden Personen bereits durch deren nonverbale Kommunikation beginnt, noch bevor diese das erste Wort miteinander gewechselt haben. Dieses Phänomen nennen wir den Halo-Effekt. Der Halo-Effekt ist das, was einen Menschen äußerlich umgibt, die sogenannte positive oder negative Aura. Somit werden bereits sehr früh die Weichen über den Gewinn oder Verlust eines bis dahin unbekannten Gesprächspartners gestellt.

Lesen Sie im Folgenden unterschiedliche Beispiele für misslungene und gelungene Erstkontakte aus verschiedenen Bereichen. Diese sind so gehalten, dass Sie sich in die jeweilige Situation ohne Schwierigkeiten hineindenken können.

1. Beispiel für einen misslungenen Erstkontakt:

Sie gehen auf einen Messestand zu, werden auch kurz wahrgenommen, doch es gibt offenbar Wichtigeres zu tun, als sich um Sie zu kümmern. Das Personal unterhält sich untereinander, es wird telefoniert, und man ist scheinbar mit sich selbst beschäftigt. Das dort angebotene Produkt interessiert Sie sehr, doch Sie finden keinen Zugang zu den Mitarbeitern dieser ausstellenden Firma, und die Atmosphäre des Messestandes ist auch nicht gerade einladend. Die Entscheidung, wieder zu gehen, haben Sie schnell getroffen und sie fiel Ihnen auch sehr leicht.

2. Beispiel für einen misslungenen Erstkontakt:

Sie haben einen Termin mit einem langjährig vertrauten Geschäftspartner. Doch statt diesem erscheint sein Ihnen bisher unbekannter Vertreter. Dieser betritt Ihr Büro und beginnt ohne langes Zögern, sich kurz, knapp und distanziert vorzustellen. Sie fühlen sich durch die ungewohnte Art überrumpelt und sind dementsprechend irritiert. Nach diesem unverhofften und misslungenen Erstkontakt mit dem neuen Ansprechpartner durchdringt Sie ein ungutes Gefühl. Sie haben innerlich bereits begonnen, sich von Ihrem Gesprächspartner zu distanzieren.

3. Beispiel für einen misslungenen Erstkontakt:

Sie betreten ein Hotel und möchten am liebsten gleich wieder gehen. Durch einen „Was-will-denn-der-hier?"-Blick des Mitarbeiters an der Rezeption, durch seinen distanzierten und geschäftsmäßigen Ton, fühlen Sie sich nicht willkommen. Somit baut sich in Sekundenschnelle ein ungutes Gefühl in Ihnen auf, und Sie fragen sich, was Sie dazu veranlasst hat, sich für dieses Hotel zu entscheiden

Alle diese Erstkontakte sind misslungen, aufgrund einer falschen Ansprache/Begrüßung, wegen einer fehlenden oder falsch eingeschätzten Wahrnehmung der Bedürfnisse des Einzelnen und der mangelnden Fähigkeit, sich auf die Biostruktur des Gegenübers einzustellen. Selbst wenn noch versucht wird, die Situation auf irgendeine Art und Weise zu retten, der erste Eindruck, der bei dem Ansprechpartner entstanden ist, bleibt – und für diesen gibt es keine zweite Chance.

Es geht jedoch auch anders:

1. Beispiel für einen gelungenen Erstkontakt:

Sie betreten ein Ladengeschäft und selbst im größten Ansturm werden Sie freundlich begrüßt, Sie erhalten ein Nicken oder ein Lächeln. Man bietet Ihnen ein Getränk an und bittet Sie kurz um Geduld, bis sich der nächste Verkäufer um Sie kümmern kann. Sie fühlen sich sofort wohl, und die Wartezeit macht Ihnen nichts aus. Sie sind von Anfang an auf die richtige Art und Weise begrüßt worden, das Personal hat sich um Sie gekümmert und auf Grund dessen beschließen Sie, in diesem Geschäft zu bleiben, auch wenn es ein wenig länger dauert, bis Sie beraten werden.

2. Beispiel für einen gelungenen Erstkontakt:

Regen, Nebel oder Stau zwingen Sie, Ihre Fahrt zu unterbrechen. Sie müssen sich ein Hotel suchen. Als Sie endlich fündig werden, sind Sie vom optischen Eindruck des Hotels nicht überzeugt, doch für eine Nacht wird es schon gehen. Sie treten ein, werden herzlich begrüßt und empfangen wie ein Stammgast. „Scheußliches Wetter draußen – aber jetzt sind Sie ja bei uns!", so die Mitarbeiterin an der Rezeption. Alle Formalitäten werden auf später verschoben. „Wir kümmern uns um Ihr Gepäck", heißt es im nächsten Satz. Sie fühlen sich sofort willkommen. Anstelle von drei Sternen erleben Sie fünfsternige Empathie, offenherzige Gastfreundschaft und wissen jetzt schon, dass Sie dieses Haus auf jeden Fall weiterempfehlen werden.

3. Beispiel für einen gelungenen Erstkontakt:

Sie gehen über eine Fachmesse, sind etwas in Eile und wollen sich an einem Messestand, der Ihre Neugierde geweckt hat, nur kurz über eine längst geplante Neuanschaffung informieren. Nach einer kurzen Beratung loben Sie den Verkäufer mit folgenden Worten: „Sie sind heute der Erste, der mich nicht mit Zahlen und technischen Daten überschüttet. Ich will das Gerät ja nicht bauen, sondern benutzen!" Sie fühlen sich verstanden und mit Ihren Bedürfnissen angenommen, sodass Sie spontan darüber nachdenken, diesem Unternehmen einen Auftrag zu erteilen.

Das waren drei Beispiele für gelungene Erstkontakte, die Sie unter Umständen auch schon in Ihrem Alltag so erlebt haben. Hierbei konnten Sie allerdings stets selbst wählen, mit wem Sie in Kontakt getreten sind und wer Ihnen auf Anhieb sympathisch oder ausreichend kompetent erschien.

Kommt dagegen beispielsweise eine fremde Person im Geschäftsleben oder im Alltag ungeplant auf Sie zu, haben Sie und übrigens auch Ihr Gegenüber keine Wahl. Ganz gleich, ob Sie in diesem Moment Sympathie oder Ablehnung verspüren: In so einem Fall ist es das Ziel, den spontanen Erstkontakt erfolgreich und gewinnbringend zu gestalten.

Das wird Ihnen sicher leichter gelingen, wenn Sie sich Ihrer Wirkung bewusst sind, Ihren Gesprächspartner in seiner Biostruktur schnell und präzise erkennen und diesem in den ersten 20 Sekunden vorurteilsfrei und individuell auf seine Person abgestimmt begegnen können. Dazu gehört es unter anderem auch, den ersten Satz in der Kundenansprache zielsicher zu formulieren, um Ihr Gegenüber nicht zu langweilen, zu irritieren oder gar zu verscheuchen.

Wie wichtig ein gelungener Erstkontakt ist und wie Sie sicher stellen können, dass es Ihnen gelingt, „mit nur *einem* trainiertem Blick" in Sekundenschnelle die Voraussetzungen für einen gelungenen Erstkontakt zu schaffen, erfahren Sie im nächsten Abschnitt.

2.2 Wie wichtig ist ein gelungener Erstkontakt?

Diese Frage lässt sich ohne Zweifel branchenübergreifend sehr einfach beantworten: Ein gelungener Erstkontakt ist erfolgsentscheidend und schafft die Voraussetzung, um einen für Sie unbekannten Interessenten als potenziellen Kunden, Gast oder Gesprächspartner zu gewinnen.

Der tägliche Kampf um die Neukundengewinnung wird in der heutigen Zeit durch den enormen Leistungsdruck, den wachsendem Wettbewerb, die schwankende Konjunktur und auch durch die Austauschbarkeit der Produkte und Dienstleistungen immer härter. Niemand kann es sich mehr leisten, einen potenziellen Kunden zu verlieren. Umso wichtiger ist es, jede sich bietende Chance effektiv zu nutzen, um sich selbst, sein Unternehmen oder sein Produkt schon im Erstkontakt erfolgreich zu präsentieren. Gerade in einem Erstkontakt schaffen Sie die Basis für eine erfolgreiche Zusammenarbeit, denn bereits hier werden die Weichen für eine weiterführende Beziehung gestellt.

Zur Verdeutlichung hier noch weitere Ansatzpunkte, warum ein gelungener Erstkontakt wichtig und unerlässlich ist:

Ein gelungener Erstkontakt schafft die Voraussetzung für:

- das erfolgreiche Gewinnen von Neukunden in der Akquisetätigkeit
- das Gewinnen der Aufmerksamkeit eines Interessenten
- einen erfolgreichen Geschäftsabschluss
- den Ausbau eines langjährigen Geschäftskontakts
- den Aufbau eines großen Kundenstamms
- das Ermitteln der wahren Kundenbedürfnisse
- eine dauerhafte und erfolgreiche Kundenbeziehung
- den Zugang zu weiteren Kontakten
- ein respektvolleres Verhalten zwischen Gesprächspartnern
- eine effiziente und individualisierte Kundenberatung

Das Gelingen eines Erstkontakts ist für beide Seiten elementar und äußerst wichtig. Nur ein positives Verhältnis beider Gesprächspartner schafft eine gute Basis, um später auch kleinere Fehler ohne größere Schäden zu überstehen.

Indem Sie wissen, wie diese Basis erfolgreich geschaffen wird, nämlich durch das Erkennen und Eingehen auf die Biostruktur Ihres Gegenübers, werden Enttäuschungen oder falsche Erwartungshaltungen beiderseits von Grund auf minimiert. Mit dem gelungenen Erstkontakt haben Sie die Grundlage für Ihren dauerhaften Erfolg geschaffen!

Eines sei hierzu noch gesagt: Wer im Erstkontakt versagt, verliert meist mehr als *einen* potenziellen Kunden, Geschäftspartner oder Gast. Denn negative Erlebnisse verbreiten sich wesentlich schneller und weiter als positive.

2.3 Was ist das oberste Ziel?

Ihren Gesprächspartner in den ersten 20 Sekunden zu gewinnen, das ist das oberste Ziel! Viele Hirnforscher haben weltweit immer wieder in wissenschaftlich bestätigten Untersuchungen bestätigt, dass Sie in einem Erstkontakt maximal 20 Sekunden Zeit haben, Ihr Gegenüber für sich zu gewinnen. Denn schon in dieser kurzen Zeit findet in unserem Gehirn, genauer in unserem Zwischenhirn (Limbischen System), bereits eine erste Wertung statt, die über Positiv oder Negativ entscheidet. Findet Ihr Gegenüber Sie in diesen ersten 20 Sekunden zum Beispiel sympathisch und vertrauenswürdig, ist eine entscheidende Weiche gestellt. Das gilt natürlich auch für die entgegengesetzte Richtung.

Die ersten 20 Sekunden entscheiden also darüber, ob Sie Ihr Gegenüber gewinnen oder nicht. Ein Gewinnen in dieser kurzen Zeit gelingt aber nur, wenn Sie trainiert haben, eine enorme Anzahl von Puzzleteilchen zusammenzufügen, die Ihnen Aufschluss über die spezifischen Bedürfnisse oder persönliche Abneigungen Ihres Gesprächspartners geben.

Selbstverständlich können wir in den überaus wichtigen ersten 20 Sekunden keinesfalls die *gesamte* Biostruktur des Gegenübers erfassen! Erkennbar jedoch sind in dieser Zeit die zentralen Aspekte, die Dominanz, also deutliche Signale der Biostruktur Ihres Gesprächspartners. Aufgrund dieser ersten Merkmale können Sie dem anderen bereits jetzt sicherer gegenüber treten und im darauf folgenden Gespräch besser auf seine Persönlichkeit eingehen. Erst im weiteren Gesprächsverlauf werden Sie nach und nach den Menschen in seiner gesamten Persönlichkeit erkennen.

Im Folgenden eine kleine Übung, die Ihnen helfen soll, herauszufinden, wie sicher Sie in der Bewältigung der ersten 20 Sekunden in einem Erstkontakt sind.

Die 20-Sekunden-Checkliste:

	Ja	Nein
Wissen Sie, wie Sie auf andere Menschen in den ersten 20 Sekunden wirken?	☐	☐
Ist Ihnen bewusst, dass ein falscher Blick, ein falsches erstes Wort, eine ungünstige Geste innerhalb der ersten 20 Sekunden einen Gesprächspartner bereits negativ einstimmen wird?	☐	☐
Können Sie die verräterischen Signale treffsicher deuten, die ein Gesprächspartner innerhalb der ersten 20 Sekunden aussendet, sobald er Ihre Räumlichkeiten betritt?	☐	☐
Sind Sie sicher, dass Sie in einer ersten Begegnung mit einer Ihnen fremden Person innerhalb der ersten 20 Sekunden in der wertschätzenden ersten Ansprache fit sind?	☐	☐
Erkennen Sie die versteckten Motive, die ein Gesprächspartner in den ersten 20 Sekunden aussendet?	☐	☐
Können Sie innerhalb der ersten 20 Sekunden erfassen, welche deutlichen Signale von der Biostruktur Ihres Gegenübers ausstrahlt werden?	☐	☐

Wie ist Ihr Ergebnis ausgefallen? Sind Sie zufrieden?

Jeder Mensch gibt in den ersten Sekunden eines Gesprächs – ob er will oder nicht – seine Biostruktur-Visitenkarte ab. Auf dieser stehen: Sprache, Stimme, Gestik, Mimik, Körpersprache, persönliche Ablehnungen, Erwartungshaltungen, Umgangswünsche und die gesamte äußere Erscheinung.

Wenn Sie es schaffen, die verschiedenen Merkmale zu einem Gesamtbild zusammenzufügen und zu entschlüsseln, dann haben Sie die Biostruktur Ihres Gesprächspartners identifiziert.

Abbildung 10: Die 20-Sekunden-Uhr

Werden die ersten 20 Sekunden nicht optimal genutzt, dann ist ein potenzieller Kunde, ein wichtiger Geschäftskontakt oder der Gesprächspartner ziemlich sicher verloren.

Ich möchte Ihnen gern von einem persönlichen Erlebnis berichten, in dem es darum ging, eine Person im Erstkontakt zu gewinnen, um dadurch eine scheinbar ausweglose Situation in ein gewinnbringendes Ergebnis zu verwandeln.

„Endlich zu Hause", dachte ich mir und freute mich auf einen entspannten Abend. Doch es kam alles anders als erwartet. Kaum hatte ich die Wohnung betreten, bat mich meine Frau, schnell noch zum Zirkus zu fahren und dort Karten für die nächste Sonntagsvorstellung zu kaufen. Die Kinder hätten den großen Wunsch geäußert, einmal diese besondere Zirkusvorstellung in ihrer Einzigartigkeit zu erleben. „Was macht man nicht alles für das Glück der Kinder", sagte ich mir. Also fuhr ich los, quälte mich durch den Berufsverkehr und stellte mich nach meiner Ankunft an der Zirkuskasse zu den anderen wartenden Menschen in der endlos erscheinenden Schlange. Als ich endlich an der Reihe war, bat ich die Kassiererin um vier Karten für die nächste Vorstellung. Sie fragte nach Platzwahl und gewünschtem Tag. „Plätze mit sehr guter Sicht und Sonntag", so meine Antwort. Sie errechnete den Preis von 205 Euro. Kurz erschrocken über den hohen Betrag, zahlte ich und dachte daran, wie sehr sich die Kinder sicher darüber freuen würden.

Stolz kam ich zu Hause an und präsentierte die Karten, worauf meine Frau lachte und fragte: „Was hast du denn da gekauft? Abendvorstellung der New York Gospel Singer?" Ich dachte, „oh nein" und konnte es erst nicht glauben, ich hatte die falschen Karten gekauft! Also noch einmal ins Auto, wieder durch den Berufsverkehr, um die Karten umzutauschen. Es begegnete mir dieselbe Kassiererin, doch was sie sagte, gefiel mir gar nicht: „Die Karten sind vom Umtausch ausgeschlossen", bekam ich zu hören. Sie ließ nicht mit sich reden, und so bat ich um ein Gespräch mit dem Geschäftsführer. Um mein Ziel, den Kartenumtausch zu erreichen, musste ich mich auf den nun folgenden, aus meiner Sicht geplanten Erstkontakt einstellen.

Nach einer kurzen Wartezeit kam er – ein gestresster, abgehetzter und offensichtlich sehr genervter, zeitgetriebener Mann. Dunkler Anzug mit auffälligem Hut, schwarze Lackschuhe, ein roter Schal und eine grelle, sehr markante Brille rundeten das Erscheinungsbild ab. Genau so hatte ich mir den Geschäftsführer dieses Zirkus vorgestellt.

Mit einem genervten Gesichtsausdruck stellte er mir die sehr knapp formulierte Frage: „Um was geht es hier denn?" All dies waren erste Anzeichen für seine Rot-Dominanz. Deshalb wählte ich folgende Erstansprache:

„Guten Tag, mein Name ist Thomas Leck, ich bin ein vielbeschäftigter Mann und habe genauso wenig Zeit wie Sie. Ich bitte Sie, mir schnell und unkompliziert die gerade von mir aus Versehen falsch gekauften Karten für die Vorstellung der New York Gospel Singer in Karten für die Zirkusvorstellung am Sonntag umzutauschen, damit ich wie geplant mit meinen Kindern Ihren wunderbaren Zirkus erleben und weiteren Personen positiv davon berichten kann." Der Geschäftsführer blickte mich kurz an, sah die Entschlossenheit in meinen Augen, verstand sofort, dass ich ohne erfolgreichen Kartenumtausch dieses Gespräch nicht beenden würde und bat daraufhin seine Mitarbeiterin, den Umtausch ausnahmsweise in die Wege zu leiten. Diese gab mir schließlich 143 Euro zurück und händigte mir vier Karten für die Zirkusvorstellung an dem gewünschten Sonntag aus.

Das war ein erfolgreicher Erstkontakt! Wie dieser hätte auch verlaufen können, das können Sie sich vorstellen! Analysieren wir einmal das Gespräch und wie es gelingen konnte, einen offenbar in Eile befindlichen Gesprächspartner in 20 Sekunden zu gewinnen.

Ich hatte das Ziel, den Umtausch der Karten zu erreichen. Dies konnte ich erfolgreich umsetzen, da ich mich innerhalb von 20 Sekunden voll und ganz auf die Rot-Dominanz der Biostruktur meines Gesprächspartners eingestellt hatte. Durch die wahrnehmbaren Signale wie u. a. die äußere Erscheinung, die Mimik, die Gestik und die Wortwahl des Geschäftsführers war mir bewusst, dass ich es hier mit einem Rot-Dominanten zu tun habe. Gesprächspartner mit Rot-Dominanz bevorzugen oft eine unkomplizierte und schnelle Lösung verschiedenartiger Vorgänge, da sie sehr zeitgetriebene Persönlichkeiten sind und sich ungern mit Bagatellen herumschlagen.

Auch durch eine auf seine Biostruktur abgestimmte Wortwahl war es mir möglich, mein Ziel zu erreichen. Ich war mir meiner Wirkung und der meiner Worte bewusst, strahlte Selbstsicherheit aus und konnte somit den Geschäftsführer für mich gewinnen.

Ein anderes Aufbauen meiner Argumentationskette, wie beispielsweise „Ich habe mir diese Karten vom Munde abgespart" oder „Ihr Personal ist fehl am Platze", hätten den Geschäftsführer ziemlich sicher wenig beeindruckt, da ihn diese Art von Erklärungen vermutlich nicht interessiert hätten. Aufgrund seiner dominanten, gegenwartsorientierten, zeitgetriebenen Art wären lange Erklärungen und Gefühlsanspielungen mit großer Wahrscheinlichkeit auf Ablehnung gestoßen.

Auch mein selbstsicheres Auftreten sowie meine direkte und sehr genaue Wortwahl trugen dazu bei, mir Respekt zu verschaffen und meinem Gesprächspartner zu vermitteln, dass er es mit einem ebenbürtigen Gegenüber zu tun hat, der ebenfalls an einer schnellen Erledigung dieser Angelegenheit interessiert ist.

Die Tatsache, dass es mir gelang, die deutlichen Anzeichen der Rot-Dominanz meines Gegenübers innerhalb der ersten 20 Sekunden zu erkennen und dadurch den passgenauen Gesprächseinstieg zu finden, hat verhindert, dass ich einen teuren Gospelabend erlebt habe, worüber ich selbstverständlich sehr froh war.

Dieses Erlebnis soll verdeutlichen, wie wichtig es ist, sein Gegenüber im vermutlichen Entscheidungsverhalten zu erkennen, um dadurch eigene Interessen erfolgreich durchsetzen zu können.

Weitere Ziele des Erstkontakts habe ich im Folgenden jeweils nach den drei Dominanzen Grün, Rot und Blau für Sie zusammengefasst.

Ziele im Erstkontakt mit Gesprächspartnern in Grün-Dominanz:

- mit der richtigen Erstansprache dem Gegenüber ein gutes Gefühl vermitteln
- spürbare Authentizität zeigen
- Bedürfnisse und Wünsche des Gesprächspartners schnell erkennen
- durch Sympathie einen schnellen Vertrauensaufbau generieren
- ein schnelles Abbauen von Unsicherheiten fördern
- dem Gesprächspartner das Gefühl vermitteln, dass er ernst genommen wird
- eine offene Zugewandtheit des Gesprächspartners erzielen
- nachhaltig eine positive Wirkung hinterlassen

Ziele im Erstkontakt mit Gesprächspartnern in Rot-Dominanz:

- Wertschätzung, Anerkennung und Respekt vermitteln
- die Aufmerksamkeit des Gegenübers erreichen
- Bedürfnisse und Wünsche des Gesprächspartners schnell erkennen
- Neugierde sowie sein besonderes Interesse wecken
- die Erwartungen des Gesprächspartners erfüllen oder sogar übertreffen
- persönliche Kompetenz unter Beweis stellen
- persönlichen Vorteil für ihn und einen hohen Nutzen vermitteln
- nachhaltig eine positive Wirkung hinterlassen

Ziele im Erstkontakt mit Gesprächspartnern in Blau-Dominanz:

- fachliche Kompetenz unter Beweis stellen
- die Aufmerksamkeit des Gegenübers erreichen
- Bedürfnisse und Wünsche des Gesprächspartners schnell erkennen
- Wertschätzung, Anerkennung und Respekt vermitteln
- strukturiertes und organisiertes Vorgehen signalisieren
- die Selbstbestimmtheit des Gesprächspartners belassen
- klar und interpretationsfrei kommunizieren
- nachhaltig eine positive Wirkung hinterlassen

Tipp:

Bei allen Empfehlungen gilt: Gehen Sie in der Zielerreichung auf Ihre Gesprächspartner stets nur so weit ein, wie es Ihrer Authentizität entspricht. Nur dann werden Sie erfolgreich in sein.

Jetzt lade ich Sie ein, sich einmal kurz Gedanken darüber zu machen, welches Ihre letzten fünf Erstkontakte waren, welche Ziele Sie jeweils in diese gesetzt hatten, wie diese verlaufen und wie viele davon gelungen sind.

Überlegen Sie sich, was Sie motiviert hat, sich so oder anders zu verhalten, und was aus diesen Kontakten geworden ist. Ohne vorzugreifen, weise ich schon jetzt darauf hin, dass Sie nach dem Durcharbeiten dieser Lektüre mit ziemlicher Sicherheit wissen werden, woran es gelegen hat, dass einige Ihrer Erstkontakte gelungen und andere eventuell misslungen sind.

Notieren Sie bitte fünf Ihrer vergangenen Erstkontakte:
1. _____
2. _____
3. _____
4. _____
5. _____

Notieren Sie bitte, welche Ziele Sie sich gesetzt hatten:
1. _____
2. _____
3. _____
4. _____
5. _____

Notieren Sie bitte, wie diese verlaufen sind:
1. _____
2. _____
3. _____
4. _____
5. _____

Notieren Sie bitte, welche Begegnungen gelungen oder misslungen sind:

1. _____
2. _____
3. _____
4. _____
5. _____

Wie war Ihre Ausbeute? Sind Sie zufrieden mit dem Ergebnis? Sie gehören, das erwähne ich hier zu Ihrer Beruhigung, zur Mehrheit aller Personen, die hier für sich Optimierungspotenzial sehen und wünschen. Lesen Sie die folgenden Kapitel konsequent bis zum Ende durch. Ich bin sicher, dass Ihre nächsten fünf Erstkontakte noch besser und gewinnversprechender verlaufen werden.

An diejenigen unter Ihnen, die alle fünf niedergeschriebenen Erstkontakte zu ihrer Zufriedenheit bestätigen konnten, übersende ich einen „gehirnlichen Glückwunsch". Natürlich dürfen auch Sie gerne das Buch bis zum Ende lesen, denn auch Profis müssen trainieren, um Profis zu bleiben. Sie wissen ja: Wer aufhört, besser werden zu wollen, hat wohl aufgehört, gut zu sein!

Im Abschnitt 2.4 erfahren Sie, wie es gelingt, das oberste Ziel in einem Erstkontakt zu erreichen.

2.4 Wie können wir das oberste Ziel erreichen?

Sie wissen: Das oberste Ziel ist es, einen Gesprächspartner in den ersten 20 Sekunden zu gewinnen. Aber wie ist es überhaupt möglich, in dieser kurzen Zeit die Befindlichkeiten, die Erwartungen eines fremden Menschen einigermaßen treffsicher zu analysieren, um die Voraussetzung zu schaffen, diesen im Erstkontakt zu gewinnen? Wie gelingt es unserem Gehirn, diese anspruchsvolle Aufgabe in wenigen Sekunden erfolgreich zu bewerkstelligen?

Lassen Sie uns zur Beantwortung dieser Frage in die Arbeitsweise und Leistungsfähigkeit des Gehirns eintauchen. Unser Gehirn bewältigt pro Sekunde ca. 10^{10} Impulse, also 10 000 000 000 kombinierte Sinneswahrnehmungen, ohne merklich zu ermüden. Das ist Alltagsarbeit. Wie viel davon bewusst hängen bleibt, will ich Ihnen verraten. Es ist etwa ein Prozent!

Das ist nicht viel, oder? In einem Erstkontakt müssen Sie jedoch in der Lage sein, die wichtigen von den unwichtigen Informationen zu trennen. Ohne diese Fähigkeit wird es Ihnen nur mit Glück und durch Zufall gelingen, fremde Gesprächspartner schnell und erfolgreich für sich zu gewinnen.

Zur Verdeutlichung finden Sie im Folgenden drei Beispiele aus dem ganz normalen Geschäftsalltag, die Ihnen aufzeigen, wie Ihr Gehirn Sie in Sachen Wahrnehmung fordert:

1. Situation

Sie befinden sich in einem Tagungshotel und sind zu einem Vortrag mit dem Thema „Motivation" geladen. Im Fahrstuhl begegnen Sie einem Herrn in einer ausgebeulten Hose und einem abgetragenen Sakko. An seinem Revers heftet ein Namensschild mit der Aufschrift „Seminarleiter". Diese Person wirkt auf Sie introvertiert, zerstreut, schlecht rasiert und eher langweilig. Genügt das nicht schon für einen Klick in Ihrem Gehirn? Wetten, dass Sie nur weniger als 20 Sekunden benötigen, um eine erste Bewertung nur aufgrund dieser mageren Schilderung vorzunehmen? Ob dieses Urteil wirklich treffsicher ist, lassen wir zunächst dahingestellt.

2. Situation

Sie betreten das Büro einer Ihnen bisher unbekannten Vertriebschefin, mit der Sie gleich über einen möglichen Auftrag verhandeln möchten. Diese erledigt nur noch schnell im Nebenraum ein Telefonat. Blitzschnell erfassen Sie einen äußerst aufgeräumten, modernen Schreibtisch mit schwarzer Tischplatte. Nur eine Mappe und ein Laptop einer begehrten Marke in Silber befinden sich darauf. An den Wänden moderne, abstrakte Kunst. Auf einem Sideboard stehen wenige, sorgfältig und einheitlich beschriftete Aktenordner. Alles strahlt metallisch-kühle Sachlichkeit aus. Sie nehmen in diesem Moment nur den persönlichen Stil der Einrichtung wahr. Was denken Sie, mit welcher Persönlichkeit werden Sie es wohl gleich zu tun haben?

3. Situation

Sie arbeiten an der Rezeption in einem Hotel und haben am frühen Morgen kurzfristig per E-Mail eine Einzelzimmerreservierung erhalten. Der Anreisezeitpunkt wurde mit 14.00 Uhr für den heutigen Tag bestätigt. Es ist 13.00 Uhr und ein sehr in Eile wirkender, äußerst extravagant gekleideter Gast steht bereits jetzt schon vor Ihnen und möchte sein Zimmer beziehen. Sie wissen genau, dass Sie Ihrem neuen Gast gleich sagen müssen, dass das gebuchte Zimmer jetzt noch nicht beziehbar ist. Sind Sie sich darüber im Klaren, welche Rückschlüsse Sie auf die Biostruktur Ihres gerade eingetroffenen, sichtlich abgehetzten Gastes ziehen können? Welche Erwartungen er in Bezug auf sein Eintreffen und die Umgangswünsche haben wird und wie er wohl vermutlich auf die negative Botschaft reagieren wird? Was konnten Sie in so kurzer Zeit von Ihrem Gast wahrnehmen?

Konnten Sie die vielen kleinen Puzzleteilchen in den drei Situationen so zusammensetzen, dass sie ein verlässliches Gesamtbild der Biostruktur der jeweiligen Personen ergaben? Das für die grundsätzliche Akzeptanz oder Ablehnung zuständige Zwischenhirn hält sich nicht lange mit Einzelheiten auf. Es reagiert auf markante Muster und Kombinationen. Starke Reize verdrängen schwache. Gefühle und Emotionen haben Vorfahrt. Dann kommen Normenverstöße: Wer zum Beispiel zu Jeans schwarzweiße Lackschuhe trägt oder seine Haare grün-rot gefärbt hat, löst schnellere Reaktionen aus als „graue Mäuse".

Bis wir eine vertretbare Treffsicherheit bei der Erkennung der Biostruktur erreichen, ist ein systematisches Training unerlässlich. Auch dann, das gestehe ich Ihnen ehrlich zu, sind wir nicht immer vor Täuschungen gefeit, die zu Enttäuschungen oder Fehleinschätzungen führen können.

So ist im ersten Beispiel der Herr im Fahrstuhl, der offensichtlich keinen großen Wert auf Äußerlichkeiten legt, eine Koryphäe auf seinem Gebiet und auf dem Weg zu einem außergewöhnlichen Vortrag, der Sie so begeistert und mitreißt, dass Sie seinesgleichen suchen müssen. Hätten Sie damit gerechnet?

Bei einer genauen Betrachtung des Umfelds, in den wenigen und doch kostbaren Minuten vor dem geplanten Erstkontakt, erhalten Sie oft viele wichtige Informationen über Ihren Gesprächspartner bereits *vor* dem Gespräch, wie Ihnen das zweite Beispiel zeigt, als Sie im Büro auf die telefonierende Vertriebschefin gewartet haben und in Ruhe deren Einrichtungsstil wahrnehmen konnten.

Auch im dritten Beispiel werden durch die vorausgegangene kurze und knackige Korrespondenz sowie das gehetzte und auffällige Auftreten des Gastes vorab typische Merkmale der Dominanz deutlich. Machen Sie sich diese zunutze und sammeln Sie all diese kleinen Puzzleteile. Sie geben Stück für Stück die Biostruktur Ihres Gegenübers preis und helfen Ihnen dabei, den Erstkontakt erfolgreich zu gestalten.

In der überwiegenden Anzahl vieler Situationen liefern uns jedoch die Gehirne, sofern man trainiert ist, sehr schnell ziemlich treffsichere Ergebnisse bei der Wahrnehmung der Biostruktur unseres Gegenübers. Mit einem geschulten Wahrnehmungsvermögen werden Sie die Grundmuster der Personen erkennen, denen Sie im Geschäftsleben oder Ihrem Alltag geplant oder spontan zum ersten Mal begegnen. Somit schaffen Sie die Voraussetzung, um das oberste Ziel, nämlich eine Ihnen bis dahin fremde Person innerhalb der ersten 20 Sekunden zu gewinnen, auch zu erreichen.

Im Folgenden aufgelistet finden Sie wichtige Fragestellungen, mit deren richtiger Beantwortung Sie der obersten Zielerreichung ein großes Stück näher kommen.

Hier eine Checkliste mit wichtigen Detailinformationen, die Sie vorab und innerhalb der ersten 20 Sekunden in einer Begegnung gezielt für sich klären sollten.

Checkliste Detailinformationen

- Wie wurde der anstehende Erstkontakt-Termin vereinbart? Waren Sie die treibende Kraft im Gespräch?
- Welche Worte sind hier vorab per Mail, Brief oder am Telefon mit der Vorzimmerdame oder einer anderen Person gefallen, die Näheres über den Gesprächspartner verraten?
- Wie sind die ersten Signale der Biostruktur der Sekretärin, die Sie empfängt: freundlich, zugewandt, reserviert oder kalt geschäftsmäßig?
- Wie sehen das Büro und das berufliche Umfeld des Gesprächspartners aus?
- Hängen Bilder an den Wänden des Besprechungsortes? Wenn ja, welche?
- Wann erscheint Ihr Gesprächspartner: pünktlich, vor der Zeit oder zu spät?
- Wie wirkt Ihr Gesprächspartner im Erstkontakt: introvertiert oder extrovertiert?
- Sucht Ihr Gesprächspartner sofort den Blickkontakt oder ist er eher schüchtern und zurückhaltend?
- Wer beginnt und wer führt das Gespräch: Sie oder Ihr Gegenüber?
- Wie ist der Händedruck: lasch, angepasst, fest oder gar keiner?
- Wie ist der Gesichtsausdruck: forsch, fordernd, erwartungsfroh, prüfend, skeptisch, ängstlich oder sogar angespannt oder kampflustig?
- Wie ist der körperliche Abstand im Gespräch zueinander: nah, ganz nah oder distanziert?
- In welcher Tonlage spricht Ihr Gesprächspartner: laut, leise, monoton oder gar melodisch?

Auf diese und weitere Merkmale gehen wir später noch genauer ein.

Sie begegnen sich im Erstkontakt entweder spontan oder verabredet. Sie gehen aufeinander zu, ein Blick, eine Geste, ein Händeschütteln und bereits jetzt, noch vor den ersten Begrüßungsworten, wird nonverbal kommuniziert, einsortiert – und das stets beiderseitig. Genau hier haben Sie die einzigartige Möglichkeit, das oberste Ziel in einem Erstkontakt zu erreichen. Denn jeder Mensch verrät – ob er will oder nicht – bereits vor dem ersten Satz viel über seine Biostruktur! Er hinterlässt sozusagen seinen „genetischen Fingerabdruck".

Durch die Entschlüsselung des „genetischen Fingerabdrucks" gelingt es Ihnen, Ihr Gegenüber von Beginn an im vermutlichen Verhalten zu erkennen und somit für sich zu gewinnen. So lernen Sie, wie Sie Fettnäpfchen vermeiden können, beispielsweise durch eine falsche Geste, ein zu schnelles Sprechen oder ein Zuviel oder Zuwenig an Zuwendung. Das ist der Schlüssel zum Gelingen eines Erstkontakts.

Im Abschnitt 2.5 erfahren Sie, wie Sie sich auf einen geplanten Erstkontakt richtig vorbereiten können und warum diese Vorbereitung so wichtig ist.

2.5 Die Vorbereitung auf einen geplanten Erstkontakt

Der erste persönliche Kontakt in einer sich anbahnenden Geschäftsbeziehung ist wohl für jeden eine echte Herausforderung und sehr oft von einer gegenseitigen hohen Erwartungshaltung begleitet. Eine gute inhaltliche Vorbereitung ist deshalb ein sehr wichtiger Grundstein für die anschließende Vergabe eines Auftrags. Vor jedem Termin oder Gespräch mit einem neuen Kunden oder Gesprächspartner, über den Sie noch nicht allzu viel wissen, steht die Recherche. Setzen Sie sich an Ihren Rechner und finden Sie per Internet möglichst viel über den Markt, das Unternehmen und den Ansprechpartner heraus. Die Aufmachung und Präsentation der Website des zu kontaktierenden Unternehmens verrät Ihnen bereits sehr viel darüber, wie das Unternehmen oder auch Ihr Gesprächspartner wahrgenommen werden möchte und wie Sie ihm deshalb begegnen sollten. Damit Sie an dem geplanten Termin überzeugen und mitreden können, sollten Sie möglichst viele Informationen vorab zusammentragen, um Ihrem Gegenüber zum einen große Wertschätzung entgegenzubringen und zum anderen zu zeigen, dass Sie nicht branchenfremd sind. Die Zeit, die Sie vorab investieren, bildet eine sehr gute Grundlage für eine mögliche und erfolgreiche Zusammenarbeit.

Nun weiß ich aus meiner eigenen Erfahrung, dass sich bei all der beruflichen Routine in der so wichtigen Vorbereitungsphase oft kleine Fehler einschleichen, die sich nicht selten ungünstig oder sogar negativ auf Sie auswirken können. Lesen Sie hierzu ein persönliches Erlebnis:

> Während meiner Tätigkeit bei einer Münchner Vertriebsberatungsgesellschaft, die Firmen im Business-to-Business-Bereich betreut, gehörte auch die Kaltakquise zu meinem Aufgabenfeld. Nach einer kurzen Einarbeitung in die bisher erfolgten Akquisetätigkeiten meines Vorgängers kontaktierte ich ein ausgewähltes Unternehmen mit dem Ziel, dort einen persönlichen Gesprächstermin zu erhalten.
>
> In dem ersten Telefonat erkannte ich schnell und sicher die Signale der Biostruktur meines Gesprächspartners, präsentierte ihm auf seine Dominanz abgestimmt den Nutzen eines unverbindlichen und persönlichen Kennenlernens. Er folgte interessiert meinen Äußerungen und stimmte einem ersten Termin zu. Gemeinsam mit einem Kollegen fuhr ich mit dem Zug nach Mannheim, dem Hauptsitz der Firma. Während der Fahrt wollten wir uns auf das kommende Gespräch einstimmen, und mein Kollege, der bisher keine Informationen zu dem Termin erhalten hatte, stellte mir die ersten Fragen: „Um welche Branche handelt es sich, welche Produkte werden dort verkauft?" „Welche Probleme hat die Firma, und wie können wir helfen?" Ich reagierte mit leichter Verunsicherung, da ich auf all seine Fragen keine Antwort hatte! In meinem Ehrgeiz hatte ich durch das Erkennen der Biostruktur meines Gesprächspartners zwar erfolgreich einen Termin vereinbaren können, jedoch völlig vergessen, mich nach dem vorhandenen Problem, dem Produkt und allen weiteren firmenspezifischen Informationen zu erkundigen. Wir fuhren also vollkommen unvorbereitet zu unserem Gesprächspartner.
>
> Es empfing uns ein sehr sympathischer, aufgeschlossener Vertriebsleiter, der uns in einer kurzen Präsentation das Unternehmen vorstellte und die firmeninternen Probleme schilderte. Bereits während dessen war uns klar, dass eine Problemlösung durch uns nicht möglich wäre. Nach einem einstündigen Gespräch war auch unserem Gegenüber bewusst geworden, dass wir nicht der richtige Ansprechpartner waren, und wir verabschiedeten uns ergebnislos.
>
> Das Resümee meiner Akquise war, dass ich zwar einen ersten persönlichen Gesprächstermin vereinbaren konnte, der aber ohne Auftragsvergabe verlief, da ich nicht ausreichend vorbereitet war.
>
> Diese Nachlässigkeit verursachte unserem Unternehmen unnötige Kosten und führte zu einem ineffizienten Erstkontakt. Sie können mir glauben, dass mir das kein zweites Mal passiert ist.

Damit Ihnen aus der Routine heraus nicht Ähnliches passiert, verwenden Sie für regelmäßig wiederkehrende Prozesse, wie zum Beispiel für die spezifische Vorbereitung eines geplanten Erstkontakts, als Gedankenstütze nachfolgende einfache Checkliste. So können Sie vor jedem Termin einen kurzen Blick auf die Liste werfen und die Punkte nacheinander schriftlich abhaken.

Die nun folgende Checkliste ist so aufbereitet, dass Sie diese einfach herauskopieren und zu Ihren Arbeitsunterlagen geben können. Im unteren Teil der Liste finden Sie einige Platzhalter, die Sie für Ihre individuellen Rituale der Vorbereitungsphase nutzen können. Im Anschluss finden Sie zu jedem in der Checkliste angegeben Punkt eine ausführliche Erläuterung.

Checkliste zur spezifischen Vorbereitung geplanter Erstkontakte:

Meine Vorbereitung:	Erledigt!
Besuch der aktuellen Website erfolgt?	
Den richtigen Ansprechpartner ermittelt?	
Informationen über Google, Xing und ähnliche Social-Media-Seiten eingeholt?	
Probleme des Unternehmens ermittelt?	
Wer steht im direkten Wettbewerb mit dem Unternehmen?	
Termin noch einmal bestätigt?	
Sind alle Unterlagen vollständig und aufbereitet?	
Visitenkarten eingepackt?	
Bin ich themensicher?	
Mögliche Problemsituationen vorgedacht?	
Knackige Botschaften zum Produkt zurechtgelegt?	
Genaue Wegbeschreibung ausgedruckt?	
Unwägbarkeiten bezüglich Zeitmanagement durchdacht?	
Gesprächsverlauf verinnerlicht?	
Positiven Gesprächsverlauf visualisiert?	

Nach Durchlaufen und Abhaken aller Punkte sind Sie bestens für Ihren geplanten Erstkontakt vorbereitet.

Bitte denken Sie stets daran, dass gerade bei den routinierten Vorgängen allzu oft die Gefahr besteht, einen Teil der Vorbereitung zu vergessen. Das kann einen schwerwiegenden Fehler mit fatalen Konsequenzen bewirken! Seien Sie deshalb schon vor der Begegnung sehr präzise in Ihrer Vorbereitung, damit der geplante Termin Ihrem Gegenüber positiv in Erinnerung bleibt! Erkunden Sie, bevor es zum geplanten Erstkontakt kommt, die zu besuchende Firma sehr genau. Hierzu gehört aus meiner Sicht und – zwar in dieser Reihenfolge – Folgendes:

Erläuterungen zur Checkliste zur spezifischen Vorbereitung auf einen geplanten Erstkontakt

1. Besuchen Sie die aktuelle Website

Der Besuch der Website des im Fokus stehenden Unternehmens ist unabdingbar. Hier finden Sie allgemeine Informationen wie die genaue Firmenbezeichnung, den Firmeninhaber oder den Geschäftsführer, die Firmengröße, Aktuelles zur Produktpalette und Presseinformationen. Sie erhalten interessante Neuigkeiten über das Firmengeschehen, mögliche Jubiläen, Termine oder auch den Hinweis auf Partnerunternehmen sowie vieles darüber, wie das Unternehmen sich nach außen hin präsentiert und wahrgenommen werden möchte.

2. Ermitteln Sie den richtigen Ansprechpartner

Versäumen Sie auf keinen Fall, den vollständigen Namen Ihres Ansprechpartners zu ermitteln. Dies ist sehr wichtig, wenn Sie Unterlagen für Ihren geplanten Erstkontakt vorbereiten. Ein jeder fühlt sich geschmeichelt, speziell in schriftlicher Form mit vollständigem Titel, Vor- und Zunamen angesprochen zu werden. Eine falsche Schreibweise des Namens oder gar ein falsch ausgewiesener Name beschert Ihnen schon vorab die ersten Minuspunkte. Achtung ist geboten bei Namen wie „Meier" und „Schmidt"! Welches ist die richtige Schreibweise? „Helmut" mit einem oder zwei l, mit t oder th?

3. Ermitteln Sie die Position des Ansprechpartners

Einen zusätzlichen Vorteil haben Sie, wenn Ihnen die genaue Position Ihres Ansprechpartners bekannt ist. So wissen Sie schnell, ob Sie es mit einem Entscheidungsträger zu tun haben oder nicht. Das ist speziell für weitere Termine sehr wichtig und gibt Ihnen die Möglichkeit, das Erstgespräch inhaltlich zielgerichteter aufzubauen.

4. Sammeln Sie Informationen über Google, Xing, people24, facebook, YouTube, die Ihren Ansprechpartner betreffen

Das 21. Jahrhundert ermöglicht es uns, bereits viele Informationen über unseren Ansprechpartner im Internet zu finden. Die Veröffentlichung eines Interviews oder die Profilbeschreibung bei XING verrät bereits im Vorfeld viel über die Biostruktur Ihres Gesprächspartners.

5. Versuchen Sie, mögliche Probleme des Unternehmens zu ermitteln

Wenn es Ihnen gelingt, die wahren Probleme des zu besuchenden Unternehmens bereits vorab zu ermitteln, haben Sie den größten Hebel in der Hand, um sich als passenden Problemlöser darzustellen. Auf diese Weise können Sie sich hervorragend positionieren.

6. Wer steht in direktem Wettbewerb zum Unternehmen?

Selbstverständlich schadet es nicht, darüber informiert zu sein, wer der größte Wettbewerber der Branche des von Ihnen zu kontaktierenden Unternehmens ist. Mit diesem Wissen vermitteln Sie Branchenkompetenz und treten Ihrem Gesprächspartner leichter auf Augenhöhe gegenüber.

Was Sie einen Tag vor dem geplanten Erstkontakt-Termin erledigen sollten:

7. Lassen Sie sich den Termin noch einmal bestätigen

Durch die erneute Terminbestätigung einen Tag vorher vermeiden Sie Besuche, die ins Leere laufen, weil sie eventuell versehentlich nicht richtig abgestimmt wurden. Ganz nach dem Motto: „Wir waren doch erst nächste Woche verabredet." Außerdem erhalten Sie durch diese erneute Kontaktaufnahme aktuelle Informationen über die persönliche Befindlichkeit Ihres Gesprächspartners und Sie erfahren möglicherweise Neuigkeiten, auf die Sie im Erstgespräch eingehen können.

8. Prüfen Sie alle vorbereiteten Unterlagen

Sind alle Unterlagen richtig und vollständig aufbereitet? Nichts ist wohl peinlicher, als eine Präsentationsmappe mit falschem Namen oder unvollständigem, lückenhaftem Inhalt zu übergeben.

9. Ihre Visitenkarten

Prüfen Sie Ihre Visitenkarten auf Aktualität und stecken Sie stets genügend ein. Achten Sie hierbei auch darauf, dass diese nicht abgewetzt, beschädigt oder geknickt übergeben werden.

Tipp:

Verzichten Sie auf Visitenkartenhalter aus Gold, ein solcher kann bei vielen Gesprächspartnern auf Ablehnung stoßen. Überzeugen Sie besser durch Ihre Persönlichkeit.

10. Seien Sie themensicher

Dass Sie das zu besprechende Thema beherrschen sollten, kann wohl als selbstverständlich vorausgesetzt werden. Dennoch schadet es bestimmt nicht, wenn Sie sich trotz des Alltagsstresses, der Sie oft zusätzlich belastet, am Abend zuvor noch einmal mit dem Thema auseinandersetzen. Dieses gibt Ihnen zusätzliche Sicherheit für den bevorstehenden Termin.

11. Denken Sie Problemsituationen vor

Seien Sie innerlich offen und haben Sie keine Angst vor Überraschungen. Wenn es einmal anders läuft als geplant, hilft es, sich im Vorfeld Argumentationsketten, Sätze und Antworten zurechtzulegen, damit man sie schnell parat hat.

12. Haben Sie stets drei bis vier aussagekräftige Botschaften zu Ihrem Produkt parat

Bereiten Sie sich so vor, dass Sie eine aussagekräftige Produktbeschreibung mit den speziellen Besonderheiten, Vorzügen und Nutzen spontan und kompetent machen können, auch ohne Präsentationsunterlagen.

Tipp:

Achten Sie stets darauf, dass das Gespräch ein Gespräch bleibt und nicht zum Vortrag wird!

13. Drucken Sie eine Wegbeschreibung aus

Auch Navigationssysteme können einmal versagen. Deshalb empfehle ich, die aktuelle Wegbeschreibung ausgedruckt bei sich zu haben. So kommen Sie auch ohne technische Hilfe sicher ans Ziel.

14. Optimieren Sie Ihr Zeitmanagement

Überlassen Sie nichts dem Zufall! Planen Sie für die Anfahrt zu einem Ersttermin stets einen ausreichenden Zeitpuffer ein. Kalkulieren Sie möglichst viele

Unwägbarkeiten mit ein, denn es ist wohl nichts schlimmer, als sich zu einem geplanten Erstkontakt zu verspäten.

15. Nutzen Sie die New Behaviour Generator-Methode (NBG)

Eine sehr gute Methode, die Sie zusätzlich vor Ihrem Erstkontakt anwenden können, ist, sich mental auf ein Gespräch vorzubereiten. Hierzu bietet die New Behaviour Generator-Methode (NBG), die aus dem NLP (Neurolinguistisches Programmieren) kommt, starken Halt. Gehen Sie dazu einige Abende zuvor Ihre inhaltlich geplanten Gesprächsverläufe mehrmals gedanklich durch und fühlen Sie sich in die bevorstehende Situation ein. Wiederholen Sie dieses Gesprächsverläufe im Geiste etwa sieben- bis neunmal pro Abend, am besten kurz vor dem Einschlafen. So kann Ihr Unterbewusstsein über Nacht arbeiten. Das Spannende an dieser Methode ist, dass Sie die Kapazität Ihres Gehirns voll nutzen und Sie es dann im Erstkontakt überlisten. Denn in dem Moment, wo es zum tatsächlichen Kontakt kommt, weiß Ihr Gehirn nicht, ob es sich in der realen Situation befindet oder in der von Ihnen bereits mehrfach durchlebten Gedankenwelt. Somit gewinnen Sie an Sicherheit, und vieles wird wie von selbst laufen.

16. Ein positives Gesprächsergebnis visualisieren

Eine große Hilfe ist es auch, wenn Sie ein positives Gesprächsergebnis des geplanten Termins vor Ihrem inneren Auge visualisieren. Dadurch können Sie sich optimal auf das bevorstehende Gespräch einstimmen, ganz nach dem Motto: selbsterfüllende Prophezeiung (engl. *self-fulfilling prophecy*). Diese besagt: Sie verhalten sich unbewusst meist so, dass vorhergedachte Prophezeiungen auch eintreten. Auch hier wird das Gehirn überlistet, denn dieses belügt sich ungern selbst und steuert Ihre Gedanken unbewusst in die vorher gedachte und gewünschte Richtung. Hüten Sie sich davor, ein Scheitern vorauszusehen. Sollten Sie insgeheim denken, dass das Gespräch wahrscheinlich erfolglos verlaufen wird, stellen Sie selbst bereits die erste Weiche dazu.

Den geplanten Erstkontakt richtig managen

Vielleicht überrascht es Sie zu erfahren: Jeder geplante Erstkontakt sollte – wie jede zielgerichtete Handlung – ablaufen wie ein Management-Prozess. Management wird nicht ohne Grund als „Logik des Gelingens" definiert. Wer nicht managementmäßig handelt, vertraut dem Zufall oder seinem Glück oder er verfährt nach dem Motto: „Es wird schon irgendwie gut gehen!" Im Erstkontakt soll es jedoch nicht irgendwie gut gehen, vielmehr gibt es zwei klare übergeordnete Ziele. Diese lauten: Mein Gegenüber in den ersten

20 Sekunden gewinnen und Erfolg haben. Hilfe, um Ihren Erfolg zu sichern, bietet der im Folgenden beschriebene Management-Kreis.

Der Management-Kreis (siehe Abb. 11) ist in der Grundform von der Deutschen Management-Gesellschaft entworfen und von Dr. Werner Siegert weiterentwickelt worden. Ihm folgen Sie in der Vorbereitung Ihrer Erstkontakte. Später, sobald Sie Routine bekommen haben, kommt er Ihnen auch bei überraschenden, nicht geplanten Erstkontakten zu Nutze.

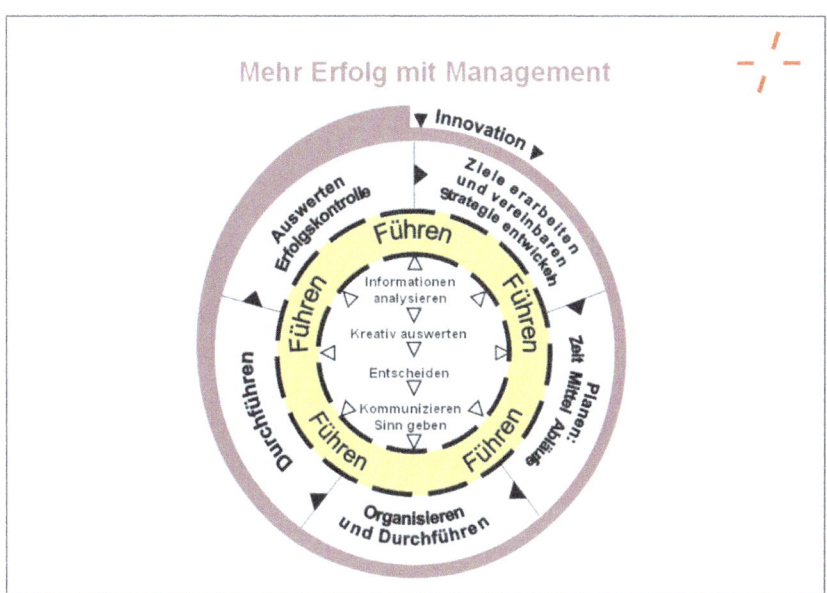

Abbildung 11: Der Management-Kreis

Der Managementprozess

Jeder Management-Prozess beginnt – im Uhrzeigersinn – mit der Aufforderung, ein klares, operationales Ziel zu definieren. Operational heißt: Das Ziel ist messbar, terminiert und so präzise definiert, dass Art und Ausmaß der Zielerreichung eindeutig bestimmt werden können. „Wischiwaschi-Ziele" führen nicht zum Erfolg und leiten mit Sicherheit Missmanagement ein.

Ein operationales Ziel für den Erstkontakter mit einem potenziellen Neukunden kann beispielsweise lauten, eine Geschäftsbeziehung anzubahnen, ohne einen sofortigen Abschluss zu erzielen. Doch das Erreichen eines operationalen Ziels macht es erforderlich, dass Sie eine Erfolgsstrategie entwickeln.

Die Vorbereitung auf einen geplanten Erstkontakt **49**

Es gibt nur zwei Arten erfolgversprechender Ziele: einen dringenden Bedarf zu decken, der dem Kunden sozusagen unter den Nägeln brennt, oder einen erfolgshemmenden Engpass zu beseitigen, der den Kunden daran hindert, noch erfolgreicher zu werden.

Bitte übergehen Sie diese Gesetzmäßigkeit nicht, denn nur wenn Sie überzeugt sind, dass Ihr Erstkontakt einem dieser Ziele dient, können Sie dem Erstkontakt aufrecht und ehrlich entgegen gehen. Wollen Sie hingegen dem Neukunden etwas „andrehen", was er eigentlich nicht braucht, ist Ihnen vermutlich nicht ganz wohl dabei, obwohl es auch Verkäufertypen gibt, die die berühmten „Kühlschränke in Alaska" und überflüssige Versicherungsverträge verkaufen können.

Tipp:

Mit der inneren Überzeugung, einem Kunden etwas zu verkaufen, was dessen Erfolg steigern wird, fühlen Sie sich einfach stärker, geradliniger und wirken positiver auf Ihren Gesprächspartner.

Im Folgenden finden Sie die vier Schritte der Planungsphase, die die Grundlagen für das Gelingen des Managementprozesses bilden.

1. Schritt: Notieren Sie, welches strategische Ziel sie mit dem Erstkontakt verfolgen. Diese Notiz wird dann später noch benötigt. Übergehen Sie diesen ersten Schritt im Management Ihres Erstkontakts nicht, da Sie hierdurch auch unbewusst Ihr Gehirn in die richtige Geisteshaltung versetzen.

2. Schritt: Der zweite Schritt im Managementprozess erfordert, das Erreichen des Ziels zu planen. Das beinhaltet, sich folgende Fragen zu stellen und zu beantworten: Welche Mittel benötige ich, um mein Ziel zu erreichen? Es kann sich um Sachmittel handeln wie Prospekte, Muster, Visitenkarten, Werbegeschenke, aber auch um die Transportmittel (Auto, Flugzeug, Bahn). Natürlich müssen auch die erforderlichen Geldmittel vorhanden sein. Nicht zu vergessen sind Ihre Expertise, Ihr Fachwissen und das Wissen um die Psychologie des Erfolgs, wie es im Zentrum dieses Buches vermittelt wird.

3. Schritt: In diesem Schritt klären Sie die Frage, wie viel Zeit Sie vermutlich benötigen werden, um das Ziel zu erreichen. Die Erreichung mancher Ziele scheiterte schon daran, dass der Zeitbedarf unterschätzt wurde.

4. Schritt: Hier geht es darum, sich Gedanken über die Abläufe zu machen. Auch ist die Frage zu klären, welche Schritte hintereinander ablaufen müssen, um zum Ziel zu führen, oder was eventuell simultan an andere delegiert werden kann.

Mit dem bloßen Planen ist es jedoch noch nicht getan. Beim Planen vollzieht sich der Prozess ja nur im Kopf. Die Planung muss in einer weiteren Managementphase umgesetzt werden: Organisieren, Vorbereiten und Durchführung. Hier müssen drei weitere Phasen vollzogen und verschiedene Dinge geregelt werden:

1. Managementphase: Organisieren

In der ersten Phase gilt es abzuklären, wer was macht und bis wann es zu erledigen ist. Sie müssen und können nicht alles selber erledigen. Jedoch ist es notwendig, den Helfern klare Anweisungen zu geben, um die anstehenden Aufgaben ordnungsgemäß und sicher ausführen zu können.

2. Managementphase: Vorbereiten

In dieser Phase wird die Vorgehensweise so präzise wie nötig geklärt. Also wie genau gehen Sie vor und welche Unwägbarkeiten lauern eventuell im Hintergrund?

3. Managementphase Durchführen

In der dritten Phase stellen Sie sicher, dass alle notwendigen Sachmittel (siehe Managementplanung) bereitgestellt sind und auch das erforderliche Wissen und alle wichtigen Informationen vorliegen.

Durch das Durchlaufen der oben genannten vier Planungsschritte und der folgenden drei Managementphasen können Sie mit der nötigen Konzentration und Gelassenheit Ihrem Erstkontakt entgegen sehen und ihn erfolgversprechend gestalten.

Nun, das wäre geschafft. Der Erstkontakt hat geklappt – oder auch nicht, oder nicht so gut, wie Sie sich das selbst vorher vorgestellt haben. Kurzum: Das notierte Ziel wurde erreicht oder nicht ganz. Suchen Sie jetzt einen Schuldigen? Bitte nicht, da das keineswegs zielführend ist.

Tipp:

Gehen Sie jetzt lieber ans Auswerten! Fragen Sie sich: Was ist (noch nicht) optimal gelaufen? Was werde ich, was werden wir beim nächsten Mal noch besser machen? Ohne Auswerten kein Lernen! Ohne Auswerten kein Bessermachen!

Wenden wir uns zuletzt dem Inneren des Managementkreises zu. Er definiert die Kernfunktion, die allen Managementschritten vorgeschaltet ist, ganz gleich, ob es sich um die Zielfindung, die Planung, das Organisieren, das Durchführen und erst recht um die Auswertung handelt.

Es ist unerlässlich und von unschätzbarer Wichtigkeit, stets einschlägige Informationen zu sammeln und zu analysieren. Das Erforschen des brennenden Bedarfs oder des engsten Engpasses erfordert das Sammeln von Informationen und ihre sorgfältige Analyse, sodann eine Entscheidung und ihre Kommunikation. Lesen Sie hierzu ein Beispiel:

> Eine Firma, die Filteranlagen herstellt, erfährt, dass bei der Reinigung von Tiefgaragen viel Schmutzwasser anfällt, das aufgrund der Beimischung von Ölresten, Reifenabrieb, Salz und anderen gefährlichen Stoffen als Sondermüll kostspielig aufgefangen, abtransportiert und abgelagert werden muss. Dadurch wird Tiefgaragenreinigung außerordentlich teuer. Dies ist offenbar ein Engpass für Reinigungsfirmen. Aufgrund der Analyse einschlägiger Informationen kommt es zu einem geplanten Erstkontakt zwischen dem Vertreter der Filter-Firma und dem Chef einer Reinigungsfirma, bei dem der Vertreter eine transportable Filteranlage anbietet. Das Schmutzwasser kann damit vor Ort so gefiltert werden, dass es danach ins normale Abwasser eingeleitet werden kann.
>
> Dieser so vorbereitete Erstkontakt war von außerordentlichem Erfolg gekrönt. „Ja dann!", werden Sie sagen. Niemand hat versprochen, dass Erfolge leicht zu erringen sind. Denn ohne Informationssammlung und kreative Auswertung sowie managementmäßige Vorbereitung des Erstkontakts hätte die Filter-Firma ihre Chance nicht wahrnehmen können.

Bleibt zum Schluss noch der „Führungs-Kreis": Er erinnert daran, dass es nicht dringend notwendig ist, alles selbst zu erledigen, wenn Sie Mitarbeiter haben und diese gut führen. Dadurch sind Sie in der Lage, so viel zu delegieren, wie möglich ist. Delegieren nicht im Sinne von Abwimmeln lästiger Arbeiten, sondern um Ihre Helfer in den Erfolgsprozess zu integrieren. Dr. Werner Siegert hat hierzu folgenden Satz geschrieben: „Führen heißt, Mitarbeiter zu Erfolgen kommen lassen." [4]

Schlechtes Management wird häufig dadurch verursacht, dass die wichtige Planung in der Vorbereitung vernachlässigt wird. „Das hält uns/mich doch nur auf. Ich weiß doch, was zu tun ist!" Solche Gedankengänge sind aus meiner Sicht grobes Fehldenken. Die Amerikaner haben dafür ein drastisches Sprichwort: „Prior Planning Prevents Pisspot-Performance!" Übersetzung überflüssig.

Bitte denken Sie daran: Eine gute Vorbereitung und Planung sind unabkömmlich für das Gelingen eines Erstkontaktes. Verinnerlichen Sie die vorangegangenen Tipps, und Ihre Chancen für einen positiven Gesprächsverlauf werden sicher steigen. Durch jede im Vorfeld gewonnene Information sind Sie in der Lage, individuell auf Ihren potenziellen Geschäftspartner zu reagieren. Sie sind somit überzeugender, wirken noch kompetenter und erhöhen Ihre Erfolgschancen. Scheuen Sie keine Mühen und bereiten Sie sich vor einem geplanten Erstkontakt gut vor! Sie werden sehen, wie sich Ihre Erfolge vervielfältigen.

2.6 Die Vorbereitung auf einen spontanen Erstkontakt

Vor allem die Erstkontakte, die spontan geschehen, sind für viele von uns oft schwer zu meistern. So kann es beispielsweise passieren, dass Sie in Ihrer eigenen Gedankenwelt versunken sind und Ihnen plötzlich ein neuer Mitarbeiter, Gast oder Kunde vorgestellt wird. Oft genug ist es dann so, dass Sie ganz entgeistert und überrascht auf diese Person wirken. In so einem Moment denkt Ihr Gegenüber schnell: „Was ist denn mit dem los, ich habe ihm doch gar nichts getan!" Dabei waren Sie einfach nur überrumpelt, nicht gefasst und nicht bereit für die spontane Begegnung. Mit ziemlicher Sicherheit ist Ihnen hier unbewusst bereits ein erster Fehler im Hinblick auf einen erfolgreichen Erstkontakt unterlaufen. Denn Ihr Gegenüber wird sich stets an diese erste Begegnung erinnern, was sich bei einer zweiten Begegnung negativ auswirken kann.

In Situationen wie diese können sich die Blau-Dominanten unter Ihnen besonders gut hineinversetzen. Denn Menschen mit Blau-Dominanz brauchen oft die Möglichkeit, sich auf neue Situationen etwas länger einzustellen. Ja, sie wirken nicht selten unbewusst verärgert auf Überraschungen.

Damit Sie in Zukunft noch besser mit spontanen Erstkontakten zurechtkommen, lege ich Ihnen die folgenden Ansatzpunkte ans Herz.

Tipps zur Vorbereitung für spontane Erstkontakte:

Seien Sie sich Ihrer eigenen Wirkung stets bewusst	Durchlaufen Sie in einem Training oder Coaching eine Persönlichkeitsanalyse, mit deren Hilfe es gelingt, Ihre Stärken, Ihre Schwächen, Ihre Begrenzungen und Ihre Wirkung auf andere zu ermitteln. Dadurch lernen Sie sich selbst besser kennen und wissen, wie Sie sich gezielt auf verschiedene Kunden, neue Gesprächspartner und Gäste einstellen können. Ich empfehle das bereits beschriebene Persönlichkeitsmodell Biostruktur-Analyse.
Schulen Sie Ihre Menschenkenntnis	Sensibilisieren Sie sich für das Verhalten anderer, so können Sie Menschen in ihrer Individualität besser verstehen, richtig behandeln und unnötige Konflikte vermeiden. Lernen Sie, das zu erwartende Verhalten Ihres Gesprächspartners genauer vorherzusehen. Machen Sie sich bewusst, dass Ihre ersten Wahrnehmungen immer nur „Momentaufnahmen" sind. Sehen, Hören, Handlungen, Gefühlsregungen etc. sind je nach Ihrer eigenen Befindlichkeit unterschiedlich zu bewerten. Ziel ist es, die Wahrnehmungen wert- und vorurteilsfrei von Augenblick zu Augenblick neu einzuschätzen zu können. Je besser Ihnen dies gelingt, desto einfühlsamer können Sie sich auf Ihren Gesprächspartner und die unterschiedlichen Erstkontakt-Situationen gewinnbringend einstellen.
Tragen Sie ein positives Weltbild in sich, dadurch wirken Sie positiv	Ersetzen Sie negative Gedanken durch positive Glaubenssätze! „Wir sind, was wir denken. Alles, was wir sind, entsteht mit unseren Gedanken. Mit unseren Gedanken machen wir die Welt." (Weisheit von Buddha) Vergessen Sie nicht: So wie wir uns fühlen, reden wir, wirken wir und entscheiden wir. Unsere Einstellung beeinflusst unsere Ausstrahlung. Freuen Sie sich auf jeden Ihrer Erstkontakte. Sagen Sie sich ganz bewusst: „Schön, dass wir uns begegnet sind. Ich freue mich auf das folgende Gespräch!"

Nutzen Sie Ihr Lächeln als Chance	Beginnen Sie jeden Tag mit einem Lächeln, und schon geht es Ihnen viel besser! Wer positiv denkt und seinen Mitmenschen mit einem offenen und ehrlichen Lächeln begegnet, wird Glück und Freude ernten. Seelisches Gleichgewicht und Harmonie sind entscheidend für Ihr Selbstbewusstsein und Ihr körperliches und geistiges Wohlbefinden.
Seien Sie vorurteilsfrei, denn Ihr Gegenüber spürt unbewusst Ihre innere Ablehnung	Wie Sie bereits erfahren haben, spielt uns unser Zwischenhirn schnelligkeitsbedingt auch gerne mal einen Streich. Bevor Sie sich im ersten Moment der Begegnung mit Ihrem Gesprächspartner ein erstes falsches Bild machen, sollten Sie Ihrem Gegenüber die Chance geben, sich erst einmal in Ruhe vorzustellen. Oft genug spüren Sie plötzlich innerliche Zufriedenheit, ganz nach dem Motto: „Das hätte ich jetzt aber nicht erwartet", und Ihre Vorurteile verschwinden wie von selbst.
Seien Sie offen für alles Neue und Ungewöhnliche	Dieser Punkt knüpft an den vorherigen an. Sie sollten keine Bewertung des anderen allein aufgrund seiner Art, sich zu kleiden, zu bewegen oder auszudrücken vornehmen. Erste Eindrücke müssen wertfrei behandelt werden und sich ausschließlich auf die Einschätzung der Persönlichkeit beziehen. Jeder Mensch ist ein Individuum. Bleiben Sie sachlich, konzentrieren Sie sich auf das eigentliche Ziel des Gesprächs. Trennen Sie Gesprächsinhalt und die damit im Zusammenhang stehenden Ziele von der Ihnen gegenüberstehenden Person.
Seien Sie authentisch	Dies gelingt Ihnen, wenn Sie sich Ihrer eigenen Biostruktur und somit Ihrer Wirkung auf andere bewusst sind. Sie sollten Ihre Stärken und Begrenzungen verinnerlicht haben, um intuitiv und gezielt nur Ihre Stärken einzusetzen. Genetische Veranlagungen, frühkindliche Prägungen sowie Erfahrungen, die wir im Laufe unseres Lebens machen, fließen in unsere Persönlichkeit und unser Ver-

	halten ein. Das Wissen darüber und seine Auswirkungen auf Ihre Persönlichkeit können Sie in einem Coaching-Prozess oder einem intensiven Training erarbeiten.
Seien Sie sich Ihrer nonverbalen Kommunikation bewusst	Der Kommunikationswissenschaftler und Psychologe Paul Watzlawick hat es klar formuliert: „Man kann nicht nicht kommunizieren." Egal, was Sie tun, ob Sie sprechen oder schweigen, Sie sind ständig auf Sendung. Achten Sie stets auf Ihre nonverbale Körpersprache. Der Körper lügt nie, und ein Profi erkennt genau, wenn die innere Einstellung nicht mit der äußeren übereinstimmt.
Sprechen Sie nie schlecht über andere	Sprechen Sie niemals schlecht über andere Personen, Unternehmen oder deren Produkte! Sie wissen nie, in welcher Verbindung Ihr Gesprächspartner mit der betreffenden Person oder Firma steht. Professioneller ist es, die Ihnen bekannten Schwächen der Konkurrenz (ohne sie auszusprechen!) als Vorteile Ihres Produkts darzustellen. Stellen Sie den Nutzen für den Gesprächspartner in den Vordergrund. Teilen Sie Ihrem Gesprächspartner mit, was Sie auszeichnet oder, besser noch, welches Alleinstellungsmerkmal (USP = Unique selling proposition) Sie besitzen.
Schulen Sie Ihre Kommunikationsfähigkeiten	Besuchen Sie Seminare und Weiterbildungen zum Thema Kommunikation. So bleiben Sie wortgewandt und können Ihre kommunikative Kompetenz perfektionieren. Allein zu wissen, dass es anderen schwer fallen wird, Sie verbal zu zerlegen, gibt Ihnen nonverbale Präsenz.

Was auch noch wichtig ist: Sie haben sicher in Ihrem Umfeld schon einmal bemerkt, dass erfolgreiche Menschen mehr vom Leben erwarten. Durch diese Geisteshaltung gehen sie auch davon aus, dass sie Erfolge feiern werden, statt Fehlschläge zu erleiden. Einfacher gesagt: Erfolgreiche Menschen erwarten das Beste vom Tag und vom Leben! Eine positive Einstellung dieser Menschen ist die Grundvoraussetzung, dass sich Dinge zu ihren Gunsten entwickeln. Mit Optimismus strahlen Sie Erfolg aus, und damit beeinflussen Sie, wie andere Personen Sie sehen.

Stimmen und fühlen Sie sich positiv auf all Ihre Erstkontakte ein. Holen Sie sich dazu glückliche Momente aus Ihrem Leben zurück ins Gedächtnis und genießen Sie noch einmal die durchlebten Situationen. Positive Gefühle erzeugen positives Handeln. Wenn Sie mit einem unguten Gefühl, nervös oder gar mit einer negativen Grundeinstellung in einen Erstkontakt gehen, können Sie damit rechnen, dass Sie anhand des Eindrucks, den Sie hinterlassen, auch entsprechend behandelt werden.

Tipp:
So, wie Sie sich fühlen und wie Sie sich selbst sehen, werden Sie auch von Ihrer Umwelt wahrgenommen.

„Die Francis Galton Story"

Sir Francis Galton (1822–1911) war Begründer der modernen Erblehre und Entdecker der Individualität der Fingerabdrücke. Eines Tages machte er seinen berühmten Gedanken-Versuch, der ein Ergebnis nach sich zog, das vielen psychologischen Lehrbüchern widersprach.

Francis Galton stellte sich eines Tages vor, er sei der meist gehasste Mann Englands. Nach einer intensiven Vorstellung (ca. 15 Minuten lang), trat er – wie immer – seinen täglichen Spaziergang an. Schon bald riefen ihm einige Passanten während des Spaziergangs Schimpfwörter zu. Ein Arbeiter aus dem Hafen rempelte ihn im Vorbeigehen so mit dem Ellbogen an, dass der Gelehrte in den Dreck fiel und sich leicht verletzte. Sogar auf Tiere schien sich die Animosität gegen ihn übertragen zu haben; denn als er an einem Droschkengaul vorbeiging, schlug dieser aus und trat Galton in die Hüfte, so dass dieser zu Boden ging. Es gab daraufhin einen kleinen Volksauflauf. Viele Menschen kamen herbei, ergriffen jedoch Partei für das Pferd und versuchten es zu beruhigen. Um Galton kümmerte sich niemand, worauf dieser das Weite suchte und in seine Wohnung zurückeilte. [6]

Eine sehr beeindruckende Geschichte, die aufzeigt, wie groß die Möglichkeit ist, die Wahrnehmung der eigenen Person bei Anderen zu steuern. Ich bitte Sie, sich hierzu folgende zwei Sätze zu merken: Der Mensch ist, was er denkt. Es ist keineswegs notwendig, der Umwelt seine innere Einstellung durch Worte mitzuteilen, die Menschen „erspüren" sie auch so.

2.7 Empfohlener Businessauftritt für den geplanten Erstkontakt

Wer im Geschäftsleben Kompetenz und Erfolg ausstrahlen will, braucht die passende Kleidung. Ein Sprichwort sagt: „Wie du kommst gegangen, so wirst du empfangen!" Grundsätzlich sollten Sie Ihren Kleidungsstil auf die Branche Ihres Gesprächspartners individuell abstimmen und dabei authentisch bleiben. Überlegen Sie sich vor jedem Termin, auf welche Art von Kleiderordnung Sie aufgrund der Branche und der Hierarchiestufe Ihres Gesprächspartners treffen werden.

Tipp:
Bleiben Sie bei der Wahl Ihrer Kleidung unbedingt authentisch!

Lesen Sie in der folgenden Auflistung, welche Grundregeln es für das äußere Erscheinung gibt und welche Fehler Sie vermeiden sollten.

Empfehlungen für den äußeren Business-Auftritt von Frauen:

- einen dezenten, zurückhaltenden Duft/Parfüm wählen
- die Rocklänge sollte maximal eine Handbreit über dem Knie enden
- Feinstrumpfhosen zum Rock oder Kleid tragen
- größenspezifisch passgenaue Kleidung tragen
- gepflegte, manikürte Fingernägel mit dezentem Nagellack
- dezentes Make-up benutzen
- ein gepflegter Haarschnitt
- geschlossene elegante Schuhe, bei Pumps die Absätze nicht höher als 7 cm
- nicht zu viele Accessoires, empfohlen sind ca. vier sichtbare Teile
- Rock und Hosensäume sauber umgenäht
- geputzte Brillengläser
- Hose und Blazer in gleicher Farbe gehalten

Tabelle 1: Tabus für Frauen

Spaghettiträger und bauchfreie Tops	tiefes Dekolleté
Minirock oder seitlich hoch geschlitzter Rock	sichtbare Tätowierungen und Piercings
	auffälliges Make-up
Tief sitzende Hüfthosen	übertriebenes Parfümieren
transparente Blusen	Unterwäsche, die sich abzeichnet (weiße Hose, schwarzer Slip)
zehen- oder fersenfreie Schuhe	
Sonnenbrille im Haar	ungebügelte Kleidung
extrem lang wallende Haarmähne	fehlende Knöpfe oder Laufmaschen
spitze, rote oder bunt lackierte Fingernägel	Fuß- und Beinbekleidung ohne Strümpfe
	verschlissene oder ungepflegte Schuhe
zu viele Rüschen, Schleifen oder Fransen	klebende Preisschilder an der Schuhsohle
Werbekugelschreiber, Schreibblocks mit Logo-Aufdruck anderer Firmen	
	schief getretene Absätze
Pailletten oder Strass	riesige und überfüllte Beuteltasche
auffällig gemusterte Kleidung	viele Fingerringe an beiden Händen
	Kopfbedeckungen jeglicher Art

Empfehlungen für den äußeren Business-Auftritt von Männern:

▶ bei Hosen auf die richtige Beinlänge achten
▶ Sakkos passgenau tragen, auf Ärmellänge achten
▶ das Hemd ist auf jeden Fall langärmlig – auch im Sommer
▶ Hemd mit Krawatte oder Fliege, obersten Hemdknopf geschlossen halten
▶ wenn eine Krawatte, dann perfekt gebunden
▶ das Sakko/die Weste im Stehen stets mit mindestens einem Knopf schließen
▶ dezente bis keine Parfümierung
▶ kurze und gepflegte Fingernägel
▶ geputzte Schuhe sind ein Muss
▶ gepflegter Bart

▶ geputzte Brillengläser

▶ markante Manschettenknöpfe

▶ der Hemdärmelknopf oberhalb der Manschette ist geschlossen

Tabelle 2: Tabus für Männer

ausgewaschene Shirts	nicht gebügelte, ungepflegte Kleidung
auffällig gemusterte Krawatte	Designer Label Overload
Krawattennadel	zu viele Accessoires
zu teuren Anzügen Schuhe vom Discounter	weiße Socken zum Anzug
	ausgetretene Schuhe oder Sandaletten
wildgewachsener Drei-Tage-Bart	nach kaltem Schweiß riechende Kleidung
Oberhemd bis zum Bauchnabel geöffnet	Designer-Etikett am unteren Teil des Sakkoärmels
Werbekugelschreiber, Schreibblocks mit Logo-Aufdruck anderer Firmen	Kopfbedeckungen jeglicher Art
Hemden mit beschädigten Kragen oder Ärmeln	schief getretene und beschädigte Schuhabsätze, fehlendes Sakko zu Hemd mit Krawatte
Handkettchen, Ohrringe und viele Fingerringe	
sichtbare, buntgefärbte Tätowierungen und Piercings	
ungekämmte Haare	

Die richtige Wahl der Business-Kleidung ist ein maßgeblicher Faktor für Erfolg oder Misserfolg im Berufsleben. Zwar sind die Regeln für Frauen nicht ganz so streng wie für die männlichen Kollegen, sie bieten aber auch mehr Möglichkeiten für Fehltritte. Speziell die Kleidung ist in einem ersten Auftritt das Erste, was Ihr Gegenüber am stärksten wahrnehmen kann.

Tipp:

Seien Sie sich bewusst, dass ca. 80 Prozent von dem, was Ihr Gegenüber von Ihnen optisch in einem Erstkontakt wahrnehmen kann, Ihre Kleidung ist.

Somit fallen hier bei Ihrem Gesprächspartner unbewusst am schnellsten die Würfel, die dann über Akzeptanz oder Ablehnung entscheiden. In Ihrem Alltag ist das ähnlich. Stellen Sie sich vor, Sie stehen im Supermarkt vor zwei gleichwertigen Produkten. Eines ist hochwertig eingepackt und das andere eher einfacher eingebunden. Welches kaufen Sie wohl? Die meisten von Ihnen nehmen sicher das Produkt, das optisch wertiger erscheint.

Sie haben es selbst in Ihrer Hand! Geben Sie alles, wenn es um Ihren ersten Auftritt geht. Dadurch vergrößern sich Ihre Chancen erheblich, einen Erstkontakt mit Bravour zu meistern.

2.8 Unwägbarkeiten vor und während eines geplanten Erstkontakts

Bei aller Sorgfalt kann immer wieder mal etwas Unvorhergesehenes oder ein Missgeschick passieren. Das verunsichert im ersten Moment und wirkt sich auf die innere Verfassung bis hin zum gesamten Gesprächsablauf aus, aber nur dann, wenn man sich davon beeinflussen lässt. Die gute Nachricht ist, dass Sie sich schon im Vorfeld auf die ein oder andere „Panne" vorbereiten oder sie sogar komplett ausschalten können.

Wenn eine Panne eintritt, heißt es Ruhe bewahren, die Nerven behalten und den sogenannten „Plan B" im Kopf haben. Auch ist es ratsam, sich zu überlegen, welcher Schaden denn bei dem größten anzunehmenden Missgeschick tatsächlich eintreten würde. Es passiert oft genug, dass man durch die eigene Nervosität oder gar Panik selbst den größten Schaden anrichtet. Lesen Sie im Folgenden, welche Gefahren im Alltag auf Sie lauern können und welche Lösungsansätze ich hierzu empfehle:

▶ **Laptop funktioniert nicht**

Was würden Sie ohne Ihren Laptop unternehmen, um die Situation im Erstkontakt erfolgreich zu bewältigen? Was haben Sie denn früher gemacht, als es noch gar keine Laptops gab? Ein Schreibblock und gedruckte Unterlagen haben doch auch genügt. Wenn Sie, statt dem potenziellen Kunden Ihre hundertprozentige Aufmerksamkeit zu widmen, an Ihrem Laptop rumfummeln, ist der Misserfolg vorprogrammiert. Am Schlimmsten wäre es, wenn der Kunde mit ein paar Handgriffen Ihr Gerät zum Funktionieren brächte. Dann hilft nur noch ein verwegenes Lächeln. Aber auch eine solche Panne können Sie noch retten. Konzentrieren Sie sich auf Ihr Gegenüber und ignorieren Sie das Problem mit Ihrem Laptop!

▶ **Kleidung wurde unerwartet schmutzig**

Im Flugzeug oder in der Bahn wird Ihnen von einem Mitreisenden oder dem Boardpersonal das Getränk über Hose und Jackett, Rock oder Bluse geschüttet. Im Hotel fällt Ihnen das Frühstücksei auf die Kleidung. Im Auto auf dem Weg zum Termin bekleckern Sie Ihre Hose mit Saft oder Currywurst. Vor dem Messegelände fährt ein schnelles Taxi durch eine Pfütze.

All dies sind Pannen, die durchaus passieren können. Um für den Fall der Fälle gerüstet zu sein, sollten Sie eine zweite Garnitur dabei haben – immer! Auch am Messestand!

▶ **Adresse wurde falsch oder unvollständig übermittelt**

Sie haben eine veraltete Visitenkarte überreicht bekommen. Nun irren Sie an der angegebenen Stelle herum und Ihr Taxi ist längst wieder weg. Haben Sie Ihren Laptop oder Ihr Handy dabei? Internet-fähig? Können Sie nochmal im eigenen Büro anrufen? Ist wenigstens die Telefonnummer des potenziellen Kunden noch korrekt? Bei sehr wichtigen Erstkontakten empfehle ich, lieber eine Stunde früher vor Ort zu sein, um solche Pannen noch bewältigen zu können. Wenn Sie die Zeit dazu haben, fahren Sie schon am Tag zuvor die Strecke ab und sehen Sie sich nach einer passenden Parkmöglichkeit um. Zumindest können Sie selbst oder Ihre Sekretärin vorher nochmal mit dem Kunden telefonisch alle Daten – also auch die Anfahrt und Parkmöglichkeiten – abklären. Der andere empfindet Sie dann als gründlichen, zuverlässigen Partner.

▶ **Plötzlich ein anderer Gesprächspartner**

Das passiert leider sehr häufig. Sie hatten sich auf das Gespräch mit einem Entscheidungsträger vorbereitet. Jetzt kommt jedoch völlig unerwartet nur ein Assistent oder eine Assistentin, eine untergeordnete Person. Dafür werden Ihnen viele bekannte Ausreden vorgetragen. „Großartig", denken Sie! Der größte Fehler, der Ihnen jetzt unterlaufen könnte, ist, sich Ihre Enttäuschung anmerken zu lassen.

Tipp:

Hier eröffnet sich für Sie eine unerwartete Gelegenheit: Assistentinnen oder Assistenten blühen oft auf, wenn Sie ihnen Achtung erweisen und ihre Bedeutung sogar ein wenig hochspielen. Dieser Erstkontakt kann sich für Sie als noch wichtiger erweisen als der geplante. Wenn Sie diese Person durch Ihre Kompetenz begeistern können, trägt sie diese Begeisterung weiter an jene Stelle, mit der Sie eigentlich Kontakt aufnehmen wollten. Und dieser Mann, diese Frau plagt nun eventuell ein schlechtes Gewissen, da ein doch sehr spannender Termin verpasst wurde.

▶ **Unterlagen wurden liegen gelassen oder verloren**

Ihr Fluggepäck ging verloren? Sie haben Ihren Aktenkoffer im Hotel stehen lassen oder in der eigenen Garage? Plan B: Eine stimmige Erklärung parat haben! Souverän darüber hinweg reden und in eine Chance umkehren: Den Gesprächspartner überzeugen, dass Sie auch ohne Unterlagen Ihr Produkt, Ihre Dienstleistung großartig erklären können. Ein Blatt Papier und einen Stift wird man Ihnen mit Sicherheit zur Verfügung stellen. Der Vorteil dieser Situation besteht auch darin, dass Sie sich ganz auf den Gesprächspartner konzentrieren können und nicht ständig in die Unterlagen schauen.

Tipp:
Unterlagen sind nur „Erstkontakte zweiter Klasse"!

▶ **Beamer ist nicht kompatibel mit eigener Hardware**

Diese Situation ist vergleichbar mit „Laptop funktioniert nicht". Meist können Sie hier Abhilfe schaffen, indem Sie Ihre Daten auf einem zusätzlichen Stick mitbringen und mit den Geräten vor Ort abspielen lassen. Aber die ersten 20 Sekunden dürfen nicht der Hardware, sondern müssen dem Gesprächspartner hundertprozentig gewidmet werden. Schieben Sie das technische Problem zur Seite, überzeugen Sie durch das persönliche Gespräch und Ihre Person.

▶ **Flug oder Zug ist verspätet/Verkehrsstau auf der Autobahn**

Melden Sie sich hier in jedem Fall sofort nach Bekanntgabe bei Ihrem Gesprächspartner und teilen Sie ihm die neue Ankunftszeit mit. Sollten sich die neuen Zeiten wiederholt verschieben, halten Sie ihn auf dem Laufenden. Bei extremer vorhersehbarer Verspätung bieten Sie ihm eventuell einen neuen Termin an

▶ **Früh aufwachen und krank sein**

Passiert Ihnen dies nachweislich häufiger vor wichtigen Termin? Dann kann es sein, dass Sie extrem aufgeregt sind und sich vor Erstgesprächen immer wieder hohe Nervosität einstellt. Denken Sie an positive Erlebnisse in früheren Gesprächsterminen. Diese stärken und beruhigen Sie zusätzlich. Machen Sie sich Ihre eigenen Stärken bewusst, und denken Sie daran, dass Ihr Gesprächspartner auch „nur ein Mensch" ist und eventuell selbst aufgeregt und unsicher ist.

Bei einer „echten" Krankheit sollte Sie abwägen, ob Sie fit genug sind, um das Gespräch kompetent zu führen. Sollte das nicht möglich sein, dann sofort Kontakt aufnehmen, sich entschuldigen und gleichzeitig einen neuen Termin vereinbaren.

▶ Aufregung/Übelkeit/Durchfall

Es ist allseits bekannt, dass Psyche und Magen-Darm-Trakt in enger Verbindung stehen. Nervosität, Stress, Sorgen oder auch Probleme können Verdauungsbeschwerden auslösen. Versuchen Sie, herunter zu kommen. Möglicherweise helfen Ihnen kurz vor wichtigen Terminen ein paar Entspannungsübungen, tiefes Durchatmen, Autogenes Training oder Ähnliches.

Tipp:

Achten Sie vor wichtigen Erstkontakten vor allem auch auf gesunde, vitamin- und ballaststoffreiche Ernährung.

▶ Plötzlicher Unfall

Das ist natürlich tragisch und eine schwierige Situation. Auch hier gilt, sofort den anderen Gesprächsteilnehmer kontaktieren, um eine Terminverschiebung zu veranlassen. Falls dies aus ernsten gesundheitlichen Gründen nicht vor dem Termin möglich sein sollte, gilt es, sich nach Genesung sobald wie möglich bei Ihrem Gesprächspartner zurückzumelden und ihn zu informieren. Wenn es ein guter Geschäftskontakt ist, wird einem neuen Termin nichts im Wege stehen.

▶ Privat eine schlechte Nachricht erhalten, persönliche Verhinderungsgründe, Schicksalsschläge

Hier sollten Sie wie im Krankheitsfall auch abwägen, in welcher Gesprächsverfassung Sie sind. Falls Sie den Termin nicht wahrnehmen können oder möchten, sollten Sie auch hier in jedem Fall so früh wie möglich den Gesprächspartner kontaktieren und einen Ersatztermin vereinbaren. Sie können natürlich erwähnen, dass Sie aus persönlichen Gründen verhindert sind.

▶ Naht im Anzug oder Kostüm gerissen

Sie stehen kurz vor einer Präsentation, beugen sich langsam nach unten, um einen Gegenstand aufzuheben, und da passiert es. Eine Naht im Sakko, in der Hose oder im Kostüm reißt. „Na toll", denken Sie. „Wie soll ich jetzt noch professionell präsentieren?" Glauben Sie mir, das passiert öfter, als Sie denken.

Tipp:

Beginnen Sie in Ihrer Gesprächseröffnung mit einem Lächeln und der Frage, ob jemand zufällig Nähzeug dabei hat, um Ihr Problem zu lösen. Sie werden sehen, das darauffolgende Lachen erweist sich als Eisbrecher und unterstreicht Ihre persönliche Stärke.

Sie sehen, es gibt viele Situationen, die im Vorfeld sehr aufregend, bisweilen sogar aussichtslos erscheinen. Es kann immer wieder zu unvorhergesehenen Pannen kommen, in allen Bereichen, zu jeder Tageszeit, bei jedem von uns. All das darf Sie jedoch nicht abschrecken. Sehen Sie es als Chance! Es wirkt mit Sicherheit charmanter und auch äußerst kompetent, wenn Sie sich durch solche Ereignisse nicht aus der Ruhe bringen lassen. Eine gute Vorbereitung bedeutet auch, dass man sich auf spontane Veränderungen kurzfristig einstellen kann.

Verfolgen Sie zu jeder Zeit Ihr eines Ziel, nämlich die Aufmerksamkeit des Gegenübers zu erhalten. Lächeln Sie über Missgeschicke hinweg, machen Sie sie nicht zum Hauptthema! So behalten Sie die Kontrolle darüber. Wichtig: Bleiben Sie Sie selbst. Verzichten Sie auf Ausreden oder Erklärungen! Kommunizieren Sie offen und mit Witz, dass dies so nicht geplant war. So können Sie Ihr eigentliches Ziel, nämlich Ihren Gesprächspartner zu gewinnen, weiterverfolgen, ohne Gefahr zu laufen, diesen zu verlieren.

Tipp:

Achten Sie stets darauf, dass Sie die Situation im Griff haben und nicht die Situation Sie!

2.9 Zehn Minuten vor dem geplanten Erstkontakt

Sie sind bereits vor Ort zu einem vereinbarten Termin mit einem neuen Kunden, Geschäftspartner oder auf der Messe. Noch haben Sie ein paar Minuten Zeit. Nutzen Sie diese, um sich innerlich und äußerlich auf den Erstkontakt vorzubereiten. Doch was können Sie jetzt noch tun, um ein Gelingen des geplanten Erstkontakts sicherzustellen? Gerade in den letzten zehn Minuten vor einem Erstkontakt ist bei vielen die Aufregung groß. Dies kann dazu führen, dass das Erstgespräch nicht so verläuft, wie Sie es sich in Gedanken vorgestellt haben.

Ich habe für Sie im Folgenden nützliche Hinweise aufbereitet, die aufzeigen, wie es Ihnen gelingt, die wichtigen zehn Minuten vor einem geplanten Erstkontakt optimal zu gestalten, um gestärkt und selbstsicher in das erste Gespräch zu gehen.

Tipps für die letzten 10 Minuten vor dem geplantem Erstkontakt

Mental ankommen und einstellen	Abgehetzt und noch schnell ein schwieriges Telefonat während der Anfahrt erledigt – all das auf Knopfdruck kurz vor einem Erstkontakt auszublenden, bedarf einiger Übung, die sich jedoch rasch auszahlt. Meine Empfehlung ist, sich gedanklich frei von all dem eben noch Erlebten zu machen. Das gelingt Ihnen zum Beispiel durch leichte Entspannungsübungen. Desweiteren können Sie sich positiv einstimmen, indem Sie sich sagen: Eben war eben und jetzt ist jetzt! Gehen Sie in Gedanken noch einmal alles in Ruhe durch. Wiederholen Sie den Vor-und Zunamen des Gesprächspartners, definieren Sie innerlich noch einmal Ihr Gesprächsziel, erkunden Sie Ihre Umgebung und holen Sie sich all Ihr vorab recherchiertes Wissen ins Bewusstsein. Fühlen Sie sich in die nun gleich folgende Begegnung hinein. Visualisieren Sie ein positives Gesprächsergebnis, indem Sie sich vorstellen, dass sich beide Parteien am Gesprächsende zufrieden und lächelnd die Hand reichen.
Unterlagen vollständig dabei?	Haben Sie alles Vereinbarte dabei? Sind die Unterlagen in einem ordentlichen und aktuellen Zustand? Funktionieren Laptop, Kugelschreiber und Co? Sind Ihre Visitenkarten griffbereit? Was selbstverständlich klingt, bedarf oftmals noch einmal eines prüfenden Blicks! Merken Sie bei dieser Gelegenheit, dass Ihnen versehentlich eine Präsentation fehlt, können Sie diese zwar auf die Schnelle nicht ersetzen. Lassen Sie sich davon jedoch nicht aus dem Konzept bringen. Handeln Sie selbstbewusst und souverän, indem Sie Ihren Gesprächspartner im Gespräch informieren, dass Sie die fehlenden Unterlagen nachreichen.
Vor- und Zuname des Ansprechpartners gedanklich wiederholen	Wiederholen und verinnerlichen Sie erneut den korrekten Vor- und Zunamen Ihres Gesprächspartners sowie auch eventuelle Titel und Anreden, so dass Ihnen diese bei der Begrüßung leicht und

	locker von den Lippen gehen. Ein unerwartetes und plötzliches Vergessen des Namens Ihres Gesprächspartners in der Begrüßung wird durch diese Maßnahme vermieden und schützt Sie vor dem ersten Fettnäpfchen.
Auf die Toilette gehen	Falls Sie es nicht schon kurz vor der Ankunft unterwegs erledigt haben, sollten Sie jetzt noch schnell die Chance nutzen, eine Toilette aufzusuchen. Oft verlängern sich Gesprächstermine unerwartet, und nichts ist dann wohl unangenehmer, als in einer wichtigen Phase des Gesprächs um eine Unterbrechung bitten zu müssen, da der letzte Kaffee einfach zu viel war. So etwas kann schnell als störend empfunden werden, da nach Ihrem Zurückkehren gedanklich neu angefangen werden muss, nach dem Motto: Wo waren wir stehen geblieben …?
Kalte und feuchte Hände	Es sind noch ca. zehn Minuten und Sie stellen fest, dass Ihre Hände wieder einmal kalt und feucht sind. Was können Sie jetzt tun? Ziemlich sicher nicht viel mehr, als das zu akzeptieren. Meine Empfehlung hierzu ist: Gehen Sie offensiv damit um, vermitteln Sie Ihrem Gesprächspartner, dass Sie nichts dafür können und dass Ihre feuchten Hände gesundheitliche Ursachen haben. Sie wirken dadurch menschlich und zeigen Größe und Selbstbewusstsein.
Äußere Erscheinung prüfen	Sitzen die Haare ordentlich, ist das Make-up noch frisch? Sind die Zahnzwischenräume sauber? Falls Sie einen schwarzen Anzug oder ein schwarzes Kostüm tragen, überprüfen Sie diese auf eventuell vorhandene Schuppen oder ausgefallene Haare im Schulterbereich. Waschen Sie nochmals Ihre Hände und trocknen Sie sie gründlich ab. Außerdem ist es selbstverständlich, dass die Fingernägel sauber sind! Überprüfen und reinigen Sie nochmals die Gläser Ihrer Brille. Sorgen Sie für einen frischen Atem mit einem Bonbon oder Spray – rauchen sollte ein Tabu vor einem Gespräch sein. Ihr Gegenüber riecht es an Ihrer Kleidung und an Ihrem Atem! Ist dieser dann Nichtraucher, sind unbewusst bereits die ersten Würfel gegen Sie gefallen. Ein genauer Blick in Richtung Schuhe, sind diese sauber? Ist Ihre Jacke, das Sakko, das Kostüm oder der Anzug geordnet? Sitzt die Krawatte? Schließen Sie kurz vor dem Betreten des Besprechungsraumes Ihr Sakko bis auf den letzten unteren Knopf, dieser bleibt offen.

Mobiltelefon aus?	Schalten Sie Ihr Mobiltelefon aus. Spätestens jetzt ist das zu erledigen. Peinlich wird es, wenn das Telefon im Gespräch plötzlich klingelt. Und absolut unhöflich ist es, das Telefonat auch noch anzunehmen. Es signalisiert Ihrem Gegenüber: „Das Telefon ist mir wichtiger als Du!" und wirft ein unprofessionelles Bild auf Sie.
Sprechübungen machen	In einem Moment des Ungestörtseins können Sie noch einmal kurz in sich gehen, kleine Sprechübungen durchführen und durchatmen. Das verschafft Ihnen zusätzliche Sicherheit. Entspannen Sie sich noch einmal körperlich, denn dadurch wirken Sie lockerer und selbstsicherer. Auch Ihre Stimme wird durch ein körperliches Entspannen kräftiger und ausdrucksstarker klingen.
Eigene Vorurteile ausblenden	Vielleicht haben sich in Ihrer Vorbereitungsphase, bei der Recherche zum Unternehmen, zum Ansprechpartner, wenn nicht sogar erst in der kurzen Zeit, in der Sie vor Ort eintrafen, kleine Vorurteile aufgebaut. Diese gilt es nun auszublenden. Denn Vorurteile werden unbewusst körpersprachlich nonverbal von Ihnen ausgesendet. Dies ist besonders dann ein Nachteil, wenn Sie es mit einem sehr feinfühligen Menschen zu tun haben. Seien Sie gewiss, dass solche Menschen Ihr inkongruentes Verhalten sehr genau wahrnehmen.
Innerlich entspannen und lächeln	Nun können Sie sich auf dem Weg zum Empfang bewusst an ein schönes Erlebnis erinnern. Dadurch erhalten Sie noch mehr Sicherheit und ein gutes Gefühl. Sie beginnen innerlich zu lächeln, Glückshormone (Endorphine) durchfluten Ihren Körper, was Ihre Außenwirkung positiv steigert.

Tipp:

Atmen Sie drei- bis fünfmal durch die Nase tief ein und durch den Mund aus. Konzentrieren Sie sich auf etwas Positives im Zusammenhang mit Ihrem Termin.

So gestärkt und vorbereitet steht nun einem perfekt gelungenem Erstkontakt nichts mehr im Weg!

Was die Rahmenbedingungen bezüglich der Vorbereitung eines Erstkontakts angeht, ob geplant oder ungeplant, sind Sie jetzt gut informiert. Sie wissen nun genau, worauf es bei einem Erstkontakt ankommt, worauf Sie bei sich und anderen achten sollten, und Sie kennen das übergeordnete Ziel: Ihren Gesprächspartner in den ersten 20 Sekunden zu gewinnen.

3 In einem Erstkontakt

3.1 Die individuelle Begrüßung

Jeder Mensch verhält sich anders. Manche reden gerne, andere wollen umfassend beraten werden, wieder andere wirken zurückhaltend und unnahbar. Wie können Sie einer Ihnen fremden Person im Erstkontakt individuell begegnen? Bevor ich näher auf die verschiedenartigen Möglichkeiten einer individuellen Begrüßung eingehe, hier zunächst eine Übersicht grundlegender Verhaltensweisen.

Allgemeine Empfehlungen für die Begrüßung in einem Erstkontakt:

- Achten Sie auf Pünktlichkeit! Angemessen ist, wenn Sie fünf bis zehn Minuten vor dem Termin eintreffen.
- Klopfen Sie vor dem Betreten eines Raumes an.
- Wer einen Raum betritt, grüßt zuerst.
- Ältere Personen werden vor den jüngeren begrüßt.
- Alle im Raum befindlichen Damen werden zuerst begrüßt.
- Einen Gruß immer mit den gleichen Worten entgegnen.
- Der zu Begrüßende entscheidet, ob er seinem Gegenüber die Hand reicht.
- Hände werden maximal drei Sekunden gereicht und nicht „durchgeschüttelt".
- Beim Händedruck bitte Blickkontakt halten.
- Zweite Hand nicht in die Hosentasche stecken oder auf die Hand des Anderen legen.
- Eine gereichte Hand bitte stets entgegen nehmen.
- Stellen Sie sich stets mit Vor- und Zunamen vor.
- Lächeln Sie und strahlen Sie Selbstsicherheit und Zuversicht aus.
- Hängen oder legen Sie Ihre Jacke/Ihren Mantel nicht einfach über die Stuhllehne, fragen Sie nach einer Garderobe.

- ▶ Setzen Sie sich erst, wenn Sie dazu aufgefordert werden.
- ▶ Stellen Sie sich auf Ihr Gegenüber schnell sprachlich und stimmlich ein.
- ▶ Wahren Sie gepflegte Umgangsformen.
- ▶ Reden Sie nie mehr als Ihr Gesprächspartner und unterbrechen Sie ihn nur im äußersten Notfall.
- ▶ Strahlen und vermitteln Sie Wertschätzung Ihres Gesprächspartners.
- ▶ Sprechen Sie Ihren Gesprächspartner zwischendurch mit seinem Nachnamen an.
- ▶ Seien Sie vor-urteilsfrei, denn Ihr Gegenüber spürt unbewusst Ihrer innere Ablehnung.

Das waren die grundlegenden Verhaltensregeln bei der Begrüßung in einem Erstkontakt. Die meisten sind Ihnen sicher bekannt und werden bereits bewusst oder unbewusst von Ihnen eingesetzt. Kommen wir nun zur individuellen Verhaltensregeln in der Erstkontakt-Begrüßung.

Wie anfangs beschrieben, haben wir es tagtäglich mit verschiedenen Persönlichkeiten und mit deren individuellen Biostrukturen zu tun. Ich möchte hierzu gern noch einmal auf die drei verhaltenssteuernden Gehirne zurückkommen. Alle Menschen, bis auf wenige Ausnahmen, werden nach MacLean in unterschiedlicher Stärke von Stammhirn, Zwischenhirn und Großhirn im spontanen, unbewussten Handeln dominiert und gelenkt. Je nachdem, welches Hirn dominiert, wird die Erwartungshaltung Ihres Gesprächspartners in einer ersten Begegnung unterschiedlich ausfallen. Somit haben Sie es hauptsächlich mit drei verschiedenen Dominanzen zu tun, die jeweils ein individuelles Verhalten und Vorgehen in der Erstansprache benötigen. Auf diese Besonderheiten werden wir nun näher eingehen. Achten Sie bitte darauf, dass Sie, wenn Sie auf die Biostruktur des Anderen eingehen, authentisch bleiben. Verleugnen Sie nie Ihre eigene „Wesensart"!

1. Begrüßungsempfehlung für Gesprächspartner mit Grün-Dominanz

Grün-dominante Gesprächspartner begegnen anderen Menschen intuitiv über das eigene Gefühl. Sie sind tendenziell liebenswürdig, redselig, gemütlich, freundlich in ihrem Wesen, bevorzugen Bewährtes und legen großen Wert auf Sicherheit und Wohlbefinden für sich selbst und für andere. Deshalb sollten Sie speziell in einem Erstkontakt Folgendes beherzigen [3]:

- Halten Sie bei der Begrüßung einen Abstand von ca. 70 cm ein.
- Gehen Sie bei der ersten Begegnung körpersprachlich behutsam vor.
- Ihre Wirkung auf den Gesprächspartner sollte freundlich, herzlich und offen sein.
- Ihr Händedruck ist nicht zu fest.
- Bauen Sie eine Beziehung über die Person, nicht über das Produkt auf.
- Ihre Art der Kommunikation sollte geduldig und nicht zu schnell sein.
- Blicken Sie Ihrem Gesprächspartner in die Augen.
- Zeigen Sie Persönlichkeit.
- Sprechen Sie über bestehende Referenzen.
- Vermitteln Sie das Gefühl von Empathie und Sicherheit.
- Vermitteln Sie ein Wir-Gefühl.
- Bauen Sie emotionale Tiefe auf.
- Verzichten Sie auf Selbstdarstellung.
- Bemühen Sie sich um eine menschliche Wirkung.
- Signalisieren Sie starkes Interesse für das Wohlbefinden und die Probleme Ihres Gesprächspartners.
- Vermeiden Sie alle extremen und andersartigen Verhaltensweisen.
- Sorgen Sie, wenn möglich, für eine Wohlfühlatmosphäre.
- Kümmern Sie sich besonders um das leibliche Wohl Ihres Gesprächspartners.
- Nehmen Sie sich Zeit.

2. Begrüßungsempfehlung für Gesprächspartner mit Rot-Dominanz

Rot-dominante Gesprächspartner sind „Macher"-Typen und Alpha-Tiere. Sie denken, handeln sehr stark ichbezogen und verhalten sich tendenziell dominant, dynamisch, emotional, impulsiv, lieben das Exklusive, das Besondere und stehen selbst bevorzugt in hervorgehobener Position. Deshalb beherzigen Sie in einem Erstkontakt folgende Verhaltensweisen:

- ▶ Halten Sie bei der Begrüßung einen Abstand von ca. 100 cm ein.
- ▶ Zeigen Sie körpersprachlich selbstbewusstes Vorgehen.
- ▶ Ihre Wirkung auf den Gesprächspartner ist lebendig, kraftvoll und voller Spannung.
- ▶ Der Händedruck ist fest und entschlossen.
- ▶ Der Beziehungsaufbau erfolgt zuerst über den Nutzen und die Einzigartigkeit des Produkts und dann über die Person.
- ▶ Ihre Art der Kommunikation sollte lebendig, direkt und abwechslungsreich sein.
- ▶ Blicken Sie Ihrem Gesprächspartner in die Augen.
- ▶ Vermitteln Sie Einzigartigkeit.
- ▶ Überzeugen Sie durch Selbstbewusstsein.
- ▶ Vermitteln Sie das Gefühl, dass Zeit etwas Kostbares ist.
- ▶ Gehen Sie Diskussionen aus dem Weg.
- ▶ Achten Sie unbedingt darauf, dass Sie nicht mehr reden als Ihr Gegenüber.
- ▶ Kommunizieren Sie klar und deutlich, welche Vorteile Ihr Gesprächspartner durch Ihre Beziehung erhält.
- ▶ Bieten Sie Klarheit in allen Bereichen, gerade in Ihrer Persönlichkeit.
- ▶ Halten Sie Ihre Präsentation kurz und knapp.
- ▶ Sprechen Sie laut und deutlich.
- ▶ Kommunizieren Sie ergebnisorientiert.
- ▶ Reagieren Sie schnell auf die Belange Ihres Gegenübers.
- ▶ Geben Sie sich locker, aber stets engagiert.

3. Begrüßungsempfehlung für Gesprächspartner mit Blau-Dominanz

Blau-dominante Gesprächspartner sind Planer und Strategen. Sie kommunizieren sehr stark sachbezogen, verhalten sich tendenziell zurückhaltend, sachlich, ernsthaft und wirken unnahbar kühl. Ihr Wesen ist sehr strukturiert, was sich auch in ihrer Arbeitsweise, im Ordnungssinn und der optischen Erscheinung zeigt. Sie denken, handeln und kommunizieren zukunftsorientiert, wägen alle Konsequenzen genau ab, bevor es zu einer Entscheidung kommt. Deshalb empfehle ich folgende Vorgehensweise in einem Erstkontakt:

- Halten Sie bei der Begrüßung einen Abstand von ca. 125 cm bis 150 cm ein.
- Zeigen Sie körpersprachlich kontrolliertes Vorgehen bei der ersten Begegnung.
- Ihre Wirkung auf den Gesprächspartner ist kompetent, sachlich und sehr professionell.
- Der Händedruck ist angepasst und nicht zu fest.
- Der Beziehungsaufbau erfolgt über den nachhaltigen Nutzen und die fachliche Kompetenz.
- Die Art der Kommunikation ist sachlich und detailorientiert.
- Zeigen Sie stets Offenheit für Fragen und beantworten Sie diese interpretationsfrei.
- Meiden Sie direkten und zu langen Blickkontakt im Erstkontakt.
- Vermitteln Sie eine strukturierte, klare und logische Vorgehensweise.
- Bauen Sie keinen Entscheidungsdruck in jeglicher Richtung auf. Blaudominante sind sehr stark selbstbestimmt!
- Zeigen Sie, dass Sie inhaltlich perfekt vorbereitet sind.
- Setzen Sie für Ihre Präsentation einen zeitlichen Rahmen.
- Überzeugen Sie durch Fachkompetenz und hohes Allgemeinwissen.
- Vermitteln Sie viele ausführliche und vollständige Informationen über die Sache.
- Seien Sie unbedingt pünktlich und zuverlässig.
- Vermitteln Sie Perfektionismus in Ihrer Vorgehensweise.
- Lassen Sie Ihren Gesprächspartner entscheiden, wie es nach einem Erst-Termin weitergeht.
- Halten Sie während des Gesprächs freundliche Distanz.
- Räumen Sie Ihrem Gesprächspartner nach Ihren Ausführungen Zeit zum Nachdenken ein.

Auch bei den empfohlenen Vorgehensweisen in der Erstbegrüßung gilt es, sich stets im Bereich der eigenen Authentizität zu bewegen.

Die oben beschriebenen Vorgehensweisen eigen sich bei Begegnungen mit Personen, die eine eindeutige Dominanz aufweisen, also prägnante, schnell erkennbare Eigenarten und Anzeichen offenbaren, die darauf schließen lassen, dass wir es höchstwahrscheinlich mit einem Grün-Dominanten, Rot-Dominanten oder Blau-Dominanten zu tun haben werden. Diese Personen machen es uns ziemlich leicht. Sie weisen eine stabile Biostruktur auf und sind dadurch schnell zu identifizieren.

Was aber, wenn Sie Ihr Gegenüber in einem Erstkontakt keiner eindeutigen Dominanz zuordnen können? Wenn erhebliche Zweifel angebracht sind? Versagt hier der Erstkontakt-Kompass? Wie gehen Sie vor, wenn eine Person Eigenarten vermuten lässt, die ebenso auf Grün-Dominanz wie auf Rot-Dominanz oder auf Blau-Dominanz schließen lassen? Zugegebenen, hier wird es etwas schwieriger, einen Erstkontakt erfolgreich zu meistern.

Positiv betrachtet können Sie erst einmal nicht viel falsch machen, denn eine Komponente (Grün, Rot oder Blau) wird sich in diesem Fall immer angesprochen fühlen.

4. Empfohlene Vorgehensweise für den Erstkontakt mit Personen ohne eindeutig erkennbare Dominanz

Wer ein Erstkontakt-Gespräch mit einer Person ohne eindeutig erkennbare Signale ihrer Biostruktur führt, sollte sich auf das breite Spektrum seiner Kommunikationsmöglichkeiten einstellen. Es sind oft kleine Anzeichen, die erkennen lassen, welche versteckten Bedürfnisse der Kontaktpartner gerade hat. Da heißt es, sehr auf die aktuelle Situation zu achten.

Der Hotelgast, der spät am Abend nach langer, beschwerlicher Anreise eintrifft, der Messebesucher, der bereits mehrere Stunden Messestress hinter sich gebracht hat, der potenzielle Kunde, der einen langen Arbeitstag bewältigt hat – in allen diesen Situationen können Sie davon ausgehen, dass sich die Aktivität der Blau-Komponente abgeschwächt hat, also andere Bedürfnisse virulent werden, als Formulare auszufüllen oder sich komplizierte Erläuterungen anzuhören. „Convenience" ist angesagt: Hier geht es darum, für den Gast, den Kunden, den Interessenten alles so leicht und angenehm wie möglich zu gestalten, ihn anzunehmen in seiner aktuellen Befindlichkeit.

Ein weiterer Tipp im Umgang mit Personen ohne eindeutige Dominanzausprägung ist: Schalten Sie blitzartig um auf eine entgegengesetzte Wahrnehmung und stellen Sie sich die Frage: Von welcher Dominanz offenbart der Betreffende im Moment der Begegnung eindeutig am wenigsten?

Betrachten Sie hierzu einmal drei Situationen aus dem Alltag:

> Wenn eine Person schnell auf Ihren Messestand oder auf Sie zusteuert, mit ungepflegten Schuhen, zerzausten Haar, keinem Business-Koffer, nur eine Reklame-Stofftasche in der Hand, dann sieht das nach sehr geringer Blau-Komponente aus. Denn wie Sie den Dominanz-Beschreibungen der folgenden Seiten entnehmen können, käme uns eine blau-dominante Person beispielweise eher im gepflegten und ordentlichen Erscheinungsbild mit kontrolliertem Gang entgegen.
>
> Also können Sie davon ausgehen, dass Sie diese Person mit technischen Daten nicht begeistern können und Sie sich nun mit ziemlicher Sicherheit auf eine Person mit Grün- und Rot-Anteilen einstellen sollten.
>
> Wenn andererseits eine sehr behäbig wirkende Person auf Sie zu geht, in sehr traditioneller, ordentlicher Kleidung, mischt sich vermutlich Blau mit Grün, sodass deutlich wird, dass die Rot- Komponente wahrscheinlich nur eine untergeordnete Rolle spielt. Wenn Sie diese Person für sich gewinnen, wird es mit großer Wahrscheinlichkeit ein Stammkunde werden, denn Kunden mit Grün-Dominanz sind, sobald sie sich erst einmal entschieden haben, sehr marken-, lieferanten- und personentreu.
>
> Begegnen Sie im Alltag einer Ihnen bisher unbekannten Person, bei der offensichtlich mangelndes Einfühlungsvermögen, Bindungsunfähigkeit zu anderen und Zögerlichkeit in der Kontaktaufnahme das Verhalten prägt, sollten Sie den Schwerpunkt auf die Blau- und Rot-Komponente legen. Denn die eben angesprochenen fehlenden Eigenarten deuten sehr stark auf eine schwache Grün-Dominanz hin.

Wie Sie sehen, erweist es sich also als äußerst hilfreich, sich Gedanken darüber zu machen, wie sich die Grün-, Rot oder Blau-Dominanz als schwächste Komponente offenbaren.

Personen, die bei der Biostrukturanalyse kein eindeutiges Persönlichkeitsbild gewonnen und eine annähernde Gleichverteilung der Dominanzen festgestellt haben, sind anfangs häufig etwas verunsichert. In weiteren vertiefenden Gesprächen ergibt sich meist die Erkenntnis, dass eine hohe Flexibilität und Kompromissbereitschaft in verschiedenen Situationen vohanden und von Vorteil ist.

Als Begrenzung wird jede Handlung, jede Entscheidung, wie auch immer sie getroffen wird, von den nicht befriedigten Hirn-Komponenten in Frage gestellt. Handeln diese Personen sehr überlegt, sehr zögerlich, weil sie noch mehr Informationen beschaffen und prüfen möchten (Blau), dann bemängeln sie an sich zugleich, zu wenig spontan zu sein (Rot) und sich zu wenig auf die Intuition und „Bauchgefühle" einzulassen (Grün). Ganz gleich, welche Hirn-Komponente sie auch immer bevorzugen, es bleiben stets zwei andere übrig, die sich nicht zufrieden geben.

Bei all den Tipps und empfohlenen Vorgehensweisen weise ich Sie nochmals darauf hin, dass Sie stets besonders darauf achten sollten, die überaus wichtigen nonverbalen Signale von Mimik und Gestik bewusst wahrzunehmen. Denn diese vermeintlichen Kleinigkeiten geben Ihnen oftmals richtungsweisende Informationen und wichtige Hinweise auf die wahren Bedürfnisse Ihres Gegenübers und dessen Biostruktur.

3.2 Was nehmen wir in einem Erstkontakt wahr?

Im Erstkontakt beliefert uns die rechte Großhirn-Hemisphäre in Zusammenarbeit mit dem Zwischenhirn und dem Stammhirn mit 1010 Informationen pro Sekunde. Das ist eine ganze Menge. Aber wie bewältigen wir diese Fülle? Wie werten wir sie für unsere Zwecke aus? Worauf sollten wir achten?

Beschränken wir uns einmal auf die möglichen, objektiv wahrnehmbaren Sinneseindrücke in einem Erstkontakt, so kommt schon eine beträchtliche Liste zusammen:

Tab 3: Objektiv wahrnehmbare Signale in einem Erstkontakt:

– die Frisur	– die Mimik und Gestik
– die Tätowierungen/Piercing	– die Kopfhaltung
– der Schmuck	– der Händedruck
– die Accessoires	– die Position der Hände
– die Gangart	– die Körperhaltung
– die Bewegungen	– die Kleidung
– die Sprechweise	– die Schuhe
– die Wortwahl	– der Blickkontakt

Versuchen Sie einmal, auf die oben aufgelisteten, objektiv wahrnehmbaren Faktoren bei x-beliebigen Menschen, denen Sie tagsüber begegnen, bewusst zu achten. Seien Sie nicht enttäuscht, wenn Sie dafür vorerst mehr als 20 Sekunden benötigen, denn Sie setzen dabei die langsam arbeitende linke Großhirn-Hemisphäre ein, die es gerade mal auf acht Bits pro Sekunde schafft. Ein Bit ist die kleinste Informationseinheit, die zu einer Entscheidung zwingt.

Zur Verdeutlichung ein Beispiel: Schuhe: sauber? schmutzig? neu? teuer? auffällig? ausgetreten? Markenschuh? = mindestens 8 Bit.

Damit wird Ihnen schon klar: Wollten Sie bewusst sämtliche Puzzleteile Ihrer Wahrnehmung in 20 Sekunden zu einer Biostruktur zusammenfügen und dabei noch überlegen, wie Sie einen Menschen parallel dazu gewinnbringend ansprechen können, würden Sie ziemlich sicher scheitern.

Die gute Nachricht ist: Sie machen das bereits unbewusst – seit Ihrer Kindheit! Viele von Ihnen nennen das Menschenkenntnis oder Intuition! Diese wird gesteuert über die rechte Hemisphäre. Dabei achten manche auch auf äußerliche Ähnlichkeiten, was sehr gefährlich ist! Denn wer aussieht und sich anhört wie ein Ihnen bekannter Schauspieler, ist es meist nicht. Sie oder er ist ein komplett anderer Mensch. Es sind dann oft genau die Eigenarten, die Sie mit der Ihnen bereits bekannten Person im Zusammenhang bringen, die Ihr Handeln bestimmen und Sie in eine völlig falsche Richtung lenken – was fatale Folgen haben kann.

Schulen Sie deshalb täglich die eigene Wahrnehmung in Sachen Menschenkenntnis und befreien Sie sich von bestehenden Vorurteilen. So gelingt es Ihnen immer besser, Ihre Gesprächspartner im ihrem vermutlichen Verhalten, sprich in der gesamten Biostruktur, zu erkennen und ihnen individuell sicherer zu begegnen.

Am Anfang des Kapitels habe ich behauptet, dass es ohne Training schwierig ist, eine Fülle von Informationen in einem Erstkontakt in kürzester Zeit wahrzunehmen. Deshalb sollen Ihnen die folgenden Checklisten helfen, die Leistungskapazität Ihres Gehirnes in Sachen Wahrnehmung zu steigern.

Kopieren Sie sich für Ihren nächsten Erstkontakt-Termin die folgende Checkliste. Versuchen Sie, sich im Gespräch bewusst auf die in der Liste aufgeführten Punkte zu konzentrieren.

Checkliste zur Steigerung Ihrer Wahrnehmungsfähigkeit

Worauf soll ich achten?	Das habe ich erkannt:
Welche Haarfarbe hat mein Gesprächspartner?	
Welche Farbe haben die Augen meines Gesprächspartners?	
Wie ist die Nasenform meines Gesprächspartners?	
Wer spricht mehr, mein Gesprächspartner oder ich?	
Wer führt in dem Gespräch, er oder ich?	
Welche Uhrenmarke trägt mein Gesprächspartner?	
Welche Farbe hat der Kugelschreiber meines Gesprächspartners?	
Ist das Sakko meines Gesprächspartners während des Gespräches offen oder geschlossen?	
Welche Farbe haben die Schuhe meines Gesprächspartners?	
Welche Biostruktur hat mein Gesprächspartner?	
Welche Bilder hängen an der Wand der Begegnungsstätte?	
Aus welchem Material ist der Fußboden der Begegnungsstätte?	
Auf welchem Papier hat mein Gesprächspartner geschrieben: kariert, liniert, weiß oder bunt?	

Nach dem Durchlaufen des Gesprächs gehen Sie dann in die Auswertung. Stellen Sie fest, wie viele Punkte Sie in Ihrer Checkliste sicher beantworten konnten. Das Ziel ist, Ihr Punktergebnis von Termin zu Termin zu steigern.

Die Liste sollte und lässt sich speziell mit Ihren eigenen Vorgaben beliebig ergänzen. Denken Sie sich etwas aus, was es noch zu entdecken gäbe. Sie steigern durch diese einfache Methode bei täglicher Anwendung Ihre Wahrnehmungsfähigkeiten erheblich und tragen so dazu bei, Erstkontakte intensiver zu erleben. Dadurch wird es Ihnen gelingen, sensibler im Umgang mit Menschen zu werden, was dazu beitragen wird, Ihre Erstkontakt-Erfolgsrate zu steigern.

Nun noch einmal zurück zu den in einem Erstkontakt objektiv wahrnehmbaren Signalen. Jeder Mensch hinterlässt bestimmte Erkennungsmerkmale seiner Biostruktur, die es gilt, schnell und sicher wahrzunehmen und zu entschlüsseln. Folgende Aufzählung wird Ihnen helfen, die verschiedenen Dominanzen schneller zu erkennen [3].

Tab. 4: Objektiv wahrnehmbare Erkennungsmerkmale grün-dominanter Gesprächspartner

Frisur	eher traditionell und konservativ geschnittenes Haar
Tätowierungen/Piercing	keine bis wenige
Schmuck	Modeschmuck: Ohrringe, Halsketten
Accessoires	Hut, Schal, Halstücher
Gangart	locker, gemütlich oder lässig
Bewegungen	langsam, rund und weich
Sprechweise	einfühlsam, warmherzig
Wortwahl	blumig, fantasievoll, ausladend
Gestik	einladend, herzlich, offen
Kopfhaltung	seitlich schräg geneigt
Händedruck	eher „lasch"
Position der Hände	oft in den Taschen vergraben
Körperhaltung	locker, lässig, entspannt
Kleidung	traditionell, bequem, leger, aber auch modisch
Schuhe	bequeme, solide Schuhe, Turnschuhe
Blickkontakt	offen, freundlich

Tab. 5: Objektiv wahrnehmbare Erkennungsmerkmale rot-dominanter Gesprächspartner

Frisur:	oft gefärbt und auffällig gestyltes Haar
Tätowierungen/Piercing:	viele
Schmuck:	teure, auffällige, große Uhren
Accessoires:	Designer-Handtasche, Markenbrille, teure Gürtel
Gangart:	schnell, laut und auffällig
Bewegungen:	schnelle Arm- und ausladende Körperbewegungen
Sprechweise:	schnell, laut, direkt
Wortwahl:	kurz und knapp, Abkürzungen
Gestik:	auffallend, lebendig
Kopfhaltung:	leicht nach vorn
Händedruck:	fest, oft zu fest
Position der Hände:	nach vorn und ständig im Einsatz
Körperhaltung:	dynamisch, aktiv, auf dem Sprung wirkend
Kleidung:	extravagant, unangepasst, auffällig
Schuhe:	Marken-Turnschuhe oder auffallendes und einzigartiges Design
Blickkontakt:	direkt, fordernd

Tab. 6: Objektiv wahrnehmbare Erkennungsmerkmale blau-dominanter Personen

Frisur:	eher korrekt, ordentlich geschnittenes Haar
Tätowierungen/Piercing:	keine
Schmuck:	dezent bis gar keinen
Accessoires:	dezent bis gar keine
Gangart:	kontrolliert, zielstrebig, angestrengt
Bewegungen:	steif, starr, angepasst
Sprechweise:	langsam, monoton, mit wenig Höhen und Tiefen
Wortwahl:	druckreif, sehr gut ausformulierte Sätze
Gestik:	schwach bis gar keine
Kopfhaltung:	nach hinten, exakt gerade

Händedruck:	angepasst, manchmal auch gar keiner
Position der Hände:	seitlich, aber meist Notizen machend
Körperhaltung:	steif, starr, kontrolliert
Kleidung:	angepasst, korrekt, bevorzugte Farben: Blau, Schwarz, Grau
Schuhe:	geputzte, gepflegte, neue Schuhe
Blickkontakt:	auf Unterlagen gerichtet, ausweichend oder starr

Objektiv wahrnehmbare Erkennungsmerkmale von Gesprächspartnern ohne eindeutig erkennbare Dominanz

Zugegebenen, hier wird es wieder ein wenig schwieriger. Personen ohne eindeutig erkennbare Biostruktur in ihrem Verhalten wahrzunehmen, ist sicher eine große Herausforderung, da hier situativ einmal impulsive, dann emphatische oder auch abweisende Wesenszüge wahrgenommen werden können. Abhilfe schafft hier nur ein intensives Training, in dem solche besondere Begegnungen besprochen werden.

Eines möchte ich Ihnen jedoch bereits jetzt ans Herz legen: Achten Sie auf jedes noch so kleine Detail und geben Sie diesem Gesprächspartner mehr Raum zum Agieren. Dadurch vermeiden Sie unbewusst ungünstige Aussagen und Handlungsweisen, die Ihren Gesprächspartner verschrecken könnten.

Nun sind Sie sensibilisiert worden, welche große und wichtige Rolle die Wahrnehmung in einem Erstkontakt spielt. Die folgenden elf Thesen geben Ihnen weiteren Aufschluss darüber, wie wir Menschen wahrnehmen und wie es gelingt, die Verarbeitung vieler Informationen im Gehirn zu bewerkstelligen:

11 Thesen zur Psychologie der Wahrnehmung

1. Unsere Wahrnehmung ist eine Funktion der Gehirne.
2. Unsere Wahrnehmung dient dem Lusterleben und der Abwehr von Bedrohung.
3. Unsere Wahrnehmung wird von unserer Motivation bestimmt.
4. Die Gehirne sind um ein Vielfaches geübter, sinnliche Reize wahrzunehmen, als digitale Informationen.
5. In der Wahrnehmung verdrängen starke Reize die schwachen Reize.
6. Frühkindliche Prägungen der Gehirne wirken ein Leben lang.

7. Die erste Adresse jeder Reizverarbeitung ist das emotional geprägte Zwischenhirn.
8. Die objektive Analyse jeden Reizes benötigt Zeit, Energie und einen Willensakt.
9. Alle Lebewesen tendieren dazu, den durch Wahrnehmung bedingten Energieaufwand zu minimieren.
10. Ganzheitliche Informationen werden schneller und leichter wahrgenommen als detaillierte Informationen. [4]
11. Unsere Wahrnehmung wird durch unsere Vorurteile beeinflusst.

Die letzte These „Unsere Wahrnehmung wird durch unsere Vor-Urteile beeinflusst" ist in Bezug auf Menschenkenntnis besonders hervorzuheben. Denn Vorurteile sind, wie das Wort schon sagt, vorgeschobene Urteile, die sich im Laufe unseres Lebens durch Begegnungen unterschiedlicher Art (positiv oder negativ) mit verschiedenen Personen fest in unserem Gehirn verankert haben. Speziell die negativ durchlebten Erfahrungen mit verschiedenen Personen aus Ihrer Vergangenheit gilt es, in einer ersten Begegnung mit einem potenziellen Neukunden, einem neuen Gast oder einem fremden Gesprächspartner zu neutralisieren, damit eine saubere und vorurteilsfreie Erstansprache erfolgen kann.

3.3 Die richtige Erstansprache – Beispiele

Im folgenden Kapitel habe ich sechs aus dem Alltag gegriffene Praxisbeispiele aufbereitet, die Sie motivieren werden herauszufinden, wie sicher Sie in der wertschätzenden Erstansprache sind. Die Auflösung finden Sie am Ende des Kapitels. Ich möchte ausdrücklich darauf hinweisen, dass sämtliche Namen und Tätigkeiten der beschriebenen Personen frei erfunden sind.

Beispiel 1: Einkäufer in einem mittelständischen Unternehmen

Herbert Stockner war mit Johann Müller, Abteilungsleiter für den Einkauf in einem mittelständischen Unternehmen, verabredet. Über Müllers Sekretärin vereinbarte Stockner einen Gesprächstermin, obwohl Herr Müller zunächst kein Interesse zeigte. Eigentlich könne er sich doch den Besuch sparen, denn über E-Mail läuft alles viel schneller. „Angebot durchmailen, dann käme auch ruckzuck die Entscheidung", so die Argumentation des Einkaufsleiters. Doch Stockner konnte bei der Sekretärin Verständnis dafür gewinnen, dass ein persönliches Kennenlernen für den Aufbau einer guten Geschäftsbeziehung sehr wichtig ist. Anonyme Korrespondenz und blanke Zahlen sowie Leistungsbeschreibungen in einem Angebot können ein persönliches Gespräch nicht ersetzen.

Stockner erschien überpünktlich. Lieber etwas zu früh als zu spät, so seine Devise. Die Sekretärin holte ihn am Lift ab, eine sehr aparte junge Dame, mit einem etwas kecken Ton auf der Zunge. Im Vorzimmer eingetroffen, erblickte Stockner schon durch die offene Tür zu Müllers Büro einige Pokale in einer Vitrine. „Tennis?" fragte er die Sekretärin. „Nein, Motocross!"

Müller telefonierte noch, kurz und knapp. Dann erschien er in der Tür, im offenen Hemd, Ärmel hochgekrempelt, einen dicken Ring an der rechten Hand, eine auffällige Luxus-Armbanduhr an der Linken. Der Sekretärin gab er noch einen Zettel mit der Bemerkung: „Sagen Sie dem Kerl ab! Nett, aber das ist nix für uns!"

„Nun, Herr Stockner, was können Sie uns bieten, was Sie uns nicht auch schon durchs Web hätten schicken können? Ich bin Müller, der Chef hier." Dabei warf er seiner Sekretärin einen schelmischen Blick zu. „Machen wir's kurz, kommen Sie rein!"

Stockner hatte ein Erstkontakt-Training absolviert. In den ersten 20 Sekunden richtig reagieren, das hatte er sich eingeprägt. Richtig heißt: abgestimmt auf die jeweilige Biostruktur. Also los! Schließlich waren die ersten 20 Sekunden längst rum.

Wie beginnt Stockner Ihrer Meinung nach das Gespräch richtig?

Erstansprache Variante A:

„Klar, lieber Herr Müller, natürlich ginge das schneller. Aber Motocross fahren Sie auch nicht nur auf dem Papier. In jedem Rennen kennen Sie die Strecke, die Maschine und die Menschen. Auch Kunden gewinnt man nicht nur mit Papier und Zahlen. Papier und Zahlen habe ich Ihnen natürlich mitgebracht, aber auch den, der diesen Zahlen Leben einhaucht, sozusagen den, der die Maschine fährt. Ich will Ihnen nicht Ihre Zeit stehlen. Aber Sie wissen ja, unser Gehirn sagt uns in sagenhaften 20 Sekunden, ob wir mit einem Menschen können oder nicht. Also können wir?"

Erstansprache Variante B:

„Guten Tag, Herr Müller. Schön, dass Sie sich für mich Zeit genommen haben. Wissen Sie, diese neuen Kommunikationsmittel, die sind nicht mein Ding. Man muss sich näher kennen lernen. Ich sehe zum Beispiel, dass Sie viele Pokale gewonnen haben. Noch dazu mit Motocross. Ist das nicht sehr gefährlich? Was sagt denn Ihr Chef dazu? Da kann doch schon mal was passieren!"

Erstansprache Variante C

„Guten Tag, Herr Müller, haben Sie eine Viertelstunde Zeit für mich? Ich habe eine PowerPoint-Präsentation vorbereitet, die ich Ihnen gern auf meinem Laptop vorführen möchte. Dann können Sie sich ein ganz anderes Bild von unserem Angebot machen. Dauert knappe sieben bis acht Minuten ... dann gehen wir Schritt für Schritt unser Angebot durch!"

Welcher Einstieg erscheint Ihnen als aussichtsreichster: A, B oder C? Und was hat Sie zu Ihrer Entscheidung bewogen?

Beispiel 2: Automobil-Verkäufer

Jens Wächter hat sein Büro im ersten Stock eines modernen Autohauses. Durch die großen Panoramascheiben kann er hinunter auf den Hof mit den Kundenparkplätzen blicken. Zum Erdgeschoss, in dem die blitzblanken neuen Modelle stehen, führt eine breite Treppe, fast wie in einem Revuetheater. Rechts und links neben der Treppe gibt es Sitzgruppen und kleine Tische für Kundengespräche. Hostessen servieren je nach Wunsch Kaffee, Tee oder kalte Getränke und Gebäck. Im ersten Stock in der Nähe von Wächters Büro gibt es noch einen Salon mit mattierten Scheiben. Hierher werden Interessenten gebeten, die sich für die teuersten Modelle der Superklasse interessieren. Hier ist Luxus angesagt, alles vom Feinsten. Hier geht es nicht um sparsame Motoren, Fußmatten als kostenlose Extras, Rabatte und Zahlungsmodalitäten. Der Kauf ist eher ein nebensächliches Ritual. Man spricht viel lieber über vergangene und kommende große gesellschaftliche Ereignisse.

Wächter beobachtet eher beiläufig, wie ein hellgrüner VW-Käfer, ein älteres Modell, in den Hof einfährt und umsichtig in eine der Parkbuchten gesteuert wird. Heraus steigt ein älterer Herr im Lodenmantel und dunkelgrünem Hut. Er beugt sich in den hinteren Teil seines gepflegten und offensichtlich geschätzten Oldtimers, um eine Aktentasche herauszuziehen. Jetzt lassen sich auch einige Aufkleber über ein bewegtes und abwechslungsreiches Autoleben an den Fenstern des Käfers erkennen. Sorgfältig schließt der Mann sein Auto ab, schaut nochmal hinein. Gemächlich geht er nun auf die Ausstellungsräume zu, nicht ohne sich nochmals zu seinem geliebten Fahrzeug umzudrehen.

Jens Wächter ist fit im Erstkontakten. Eigentlich war ihm schon aufgrund der Fahrweise, des behutsamen Einparkens und natürlich des Oldtimers klar, auf welche Biostruktur er sich einzustellen hat. Dennoch – es wäre ja nicht auszuschließen gewesen, dass sich der Mann das Auto nur ausgeliehen hätte. Aber dann, als er den Herrn über den Hof gehen sah, wusste er, wie er das Gespräch eröffnen würde.

Wie eröffnen Sie denn jetzt anstelle von Jens Wächter das Gespräch? Begründen Sie Ihre Entscheidung! Welche Erstansprache trifft hier ins Herz des Kunden: A, B oder C? Überlegen Sie, weshalb Sie sich für diese Variante entschieden haben.

Erstansprache Variante A:

„Werter Herr, guten Tag. Ich habe Sie zufällig gerade in den Hof fahren sehen. Na, das wird ja wohl höchste Zeit, dass Sie sich mal was Modernes zulegen. Das sind Sie sich doch wohl selber schuldig … und mit der grünen Plakette für die Umweltzone wird ist es wohl auch nichts mehr …"

Erstansprache Variante B:

„Das ist ja ein Prachtstück, mit dem Sie da gerade auf unseren Hof eingebogen sind. So gut gepflegt über all die vielen Jahre! Da hängen sicher sehr viele schöne Erinnerungen dran. Wie viele Kilometer hat Sie denn Ihr Käfer über viele Jahre zuverlässig kutschiert? Da fiele Trennung schwer. Aber Sie müssen sich ja nicht ganz von Ihrem Prachtstück trennen…"

Erstansprache Variante C:

„Guten Tag, mein Name ist Jens Wächter. Ich habe Sie zufällig gerade in unseren Hof reinfahren sehen. Wie viel Sachen macht denn die alte Karre noch? Teures Hobby, nicht wahr? Wie wär's denn mit einer Probefahrt auf unserem neuen C467, nur damit Sie mal ein neues Fahrgefühl bekommen und wissen, was im Moment angesagt ist."

Doch damit nicht genug, denn beinahe wäre hier noch etwas schief gegangen. Denn ehe der VW-Fahrer das Haus betrat, wies ihn ein Angestellter aus der Werkstatt lässig im Blaumann darauf hin: „Für Reparaturen sind die Parkplätze da hinten. Sind Sie angemeldet? Hier sind nur Parkplätze für das Neuwagengeschäft!" Kurzfristig überlegte sich unser rüstiger Oldtimer-Fahrer, ob er nicht umkehren und zu einem anderen Händler fahren sollte.

Tipp:

Denken Sie daran: Erstkontakte finden überall statt, durch wen auch immer. Sie sollten nicht Glücksache sein, sondern trainiert werden!

Beispiel 3: Küchen-Verkäuferin

Barbara Mayrhofer ist gelernte Innenarchitektin und seit einigen Jahren Küchenverkäuferin in einem großen Unternehmen. Sie wird von ihren Kunden und Kollegen stets als aufgeschlossen, direkt und herzlich wahrgenommen. Man könnte auch sagen: Sie trägt ihr Herz auf der Zunge. Sie arbeitet freiberuflich und teilt sich ihren Arbeitsplatz in einer großen Ausstellung mit mehreren Mitarbeitern des Unternehmens. Die aus ihrer Sicht lästige Neukundenakquise fiel in der Vergangenheit weg, da das Unternehmen ständig durch Werbemaßnahmen in Rundfunk und Fernsehen dafür sorgte, dass viele Interessenten die Ausstellungsflächen besuchten.

In letzter Zeit gingen jedoch die Kundenfrequenz und die Anfragen von Interessenten stark zurück, so dass die Motivation in Sachen Verkauf täglich schwand.

Das Küchenunternehmen hat diese Veränderungen und den Rückgang der Kundenbesuche bemerkt und investiert in ein zweitägiges Erstkontakt-Verkaufstraining, um die Verkäufer zu stärken und diese neu zu motivieren. Barbara Mayrhofer nutzt diese Möglichkeit einer Auffrischung und kehrt nach einem spannenden Wochenende motiviert an ihrem Arbeitsplatz zurück.

Es ist Montagmorgen 10.00 Uhr. Der erste Kaffee ist noch nicht ausgetrunken und ein neuer Interessent betritt den Laden. Dieser erscheint in grauem Anzug, weißem Hemd, mit schwarzen, glänzenden, frisch geputzten Schuhen und einem schwarzen Rucksack auf dem Rücken. Die Haare sind perfekt geschnitten. So kommt er auf Frau Mayrhofer zu. Der Blickkontakt ist kurz und reserviert, so dass Frau Mayrhofer nun gefordert ist, eine gelungene Erstansprache zu platzieren. „Kein Problem", denkt sie sich, „ich war am Wochenende in einem 20 Sekunden Erstkontakt-Verkaufstraining, den krall ich mir!"

Hochmotiviert erkennt sie ihre Chance und geht auf den neuen Kücheninteressenten zu.

Erstansprache Variante A:

„Hallo und Guten Morgen! Schön, dass Sie schon so früh zu uns unterwegs sind. Mein Name ist Barbara Mayrhofer, ich bin Ihre persönliche

Ansprechpartnerin und begrüße Sie ganz herzlich bei uns. Wie ist denn Ihr Name? Küchenkauf ist ja Vertrauenssache, da will man schon wissen, mit wem man es zu tun hat!" (Lächelt)

Erstansprache Variante B:

„Guten Morgen, mein Name ist Barbara Mayrhofer, was genau dürfen wir für Sie tun?" (Pause)

„Das ist ja interessant. Sie sind ja bereits sehr gut informiert. Ich möchte Ihnen gern nähere Auskünfte zu unseren Produkten erteilen. Worauf kommt es Ihnen ganz besonders an? Verbrauchswerte? Programmierbarkeit? Pflegeleichtigkeit? Technische Einzelheiten? Kompatibilität zu Ihrer bisherigen oder geplanten Einrichtung? Komplette Leistung aus einer Hand? Dann können Sie am ehesten beurteilen, ob wir der richtige Partner für Sie sind."

Erstansprache Variante C:

„Einen wunderschönen guten Morgen, kalt da draußen. Schön, dass Sie bei uns sind. Ich bin die Barbara Mayrhofer. Es freut mich, Sie kennenzulernen. Darf ich Ihnen erst einmal einen Kaffee anbieten, so zum Aufwärmen und Kennenlernen, dann lässt es sich auch gemütlicher miteinander reden."

Welche Erstansprache ist wohl hier die richtige: A, B oder C? Begründen Sie, warum Sie sich gerade für Ihre Wahl entschieden haben!

Die folgenden letzten drei Beispiele sind etwas anspruchsvoller. Hier haben Sie Gelegenheit, Ihre Wahrnehmungsfähigkeit genau auf die Probe zu stellen.

Beispiel 4: In einer Einkaufspassage

Wir befinden uns in einem Schmuckgeschäft mit offener Tür in einer Flaniermeile. Die Schmuckverkäuferin Johanna Bachmüller bemerkt einen älteren Herrn, der in den letzten zehn Minuten schon mehrfach interessiert die Auslagen in den äußeren Vitrinen gemustert hat. Er trägt einen soliden Lodenmantel, eine Brille mit schmaler silbriger Fassung sowie braune, derbe Lederschuhe. Johanna Bachmüller tippt auf eine Biostruktur mit Grün-Dominanz des Kunden.

„Aber was will so einer mit Modeschmuck? Vielleicht für die Enkelin", denkt sie. An „Rot" scheint es ihm zu mangeln, denn dann wäre er längst zielstrebig in den Laden hinein gekommen. Sofort hätte er eine Entscheidung getroffen. Blau-dominante Personen, das hatte sie gelernt, tun sich schwer mit

Entscheidungen. Vermutlich hatte der ältere Herr auch schon die Auslagen bei der Konkurrenz angeschaut. Aber nun war er bereits das zweite Mal bei ihr, hatte jedoch noch immer nicht seine Schritte in den Laden gelenkt. Was tun? Johanna Bachmüller zögert. Sollte sie auf den Herrn zu gehen? Mit welchem ersten Satz wäre er vermutlich am ehesten zu gewinnen?

Johanna trifft eine Entscheidung: Langsam, aber zielgerichtet geht sie nach vorn, nimmt Sichtkontakt auf, schmunzelt und sagt schließlich:

Erstansprache Variante A:

„Nicht wahr, bei den vielen schönen Stücken, die wir führen, fällt die Wahl schwer. Für wen soll denn das Geschenk sein? Wer darf sich denn über schöne Stück freuen?" (Lächelt offen)

Erstansprache Variante B:

„Guten Morgen, nun zögern Sie doch nicht so lange. Fassen Sie sich ein Herz und kommen Sie doch herein. Ich bin sicher, wir haben das Richtige für Sie dabei!" (Lächelt freundlich)

Erstansprache Variante C:

„Guten Morgen! Wie ich sehe, sind Sie noch sehr unentschlossen. Vielleicht sind Sie auf der Suche nach einem Geschenk? Ich lasse Sie gern noch etwas in Ruhe schauen und bin für Sie da, falls Sie mich brauchen." (Lächelt verhalten)

Bitte beantworten Sie hierzu die drei folgenden Fragen und begründen Sie, weshalb Sie sich so entschieden haben!

▶ Welche der drei Erstansprachen ist aus Ihrer Sicht die richtige und weshalb?
▶ Welche Biostruktur offenbart die Schmuckverkäuferin Johanna?
▶ Welche Biostruktur hat vermutlich der ältere Herr?

Beispiel 5: In einem Schuhgeschäft

Auch ein Schuhgeschäft ist zur Flaniermeile einer Einkaufspassage hin geöffnet. Vor dem Geschäft stehen Ständer mit Angeboten, die die vorüberziehenden Kunden einladen anzuhalten, um sich den einen oder anderen Schuh näher anzuschauen.

Schuhverkäuferin Karin Maurer hat eine Frau im Blick, die es nicht bei einem Schuh belässt. Diese Kundin reißt förmlich ein paar Schuhe vom

Ständer. In ihrer hastigen Art lässt sie die nicht gefälligen Schuhe einfach auf dem Boden liegen. Dann nimmt sie einen, wedelt damit in der Luft herum und winkt der Verkäuferin fordernd zu. Karin Maurer hat die ganze Szene mit wachsendem Unwillen beobachtet und denkt: „Wie diese aufgedonnerte Person mit ihren hennagefärbten Haaren, riesigen roten Ohrgehängen und dem dick aufgetragenen Lippenstift mit unseren Schuhen umgeht und welche Unordnung sie hinterlässt! Mir reißt gleich der Geduldsfaden." Karin Maurer entscheidet sich wider Willen für eine Erstansprache, überlegt jedoch noch kurz: „Das ist bestimmt eine (Knall)-Rote – so, wie die in Eile ist. Vielleicht mit ein paar Grün-Anteilen. Grün-dominante Frauen tragen gerne hennagefärbte Haare", denkt Karin. Blau scheidet definitiv aus. Zunächst dreimal tief durchatmen, Vorurteile ausschalten und sich emotional in den Griff bekommen. Dann eilt sie herbei und platziert die ersten Worte.

Wie bewältigt Karin diesen Erstkontakt möglichst gewinnbringend?

Erstansprache Variante A:

„Grüß Gott, ich bin die Karin. Sie haben es offenbar eilig. Schade, Schuhe kaufen ist doch ein Vergnügen, das wir uns immer mal in Ruhe gönnen sollten. Wenn man schon im Stress ist, dürfen die Schuhe auch nicht noch zum Stress beitragen. Schick sollen sie sein, aber auch bequem. Schuhgröße 38? Das haben wir gleich!"

Erstansprache Variante B:

„Grüß Gott, ich bin die Karin Maurer. Was suchen Sie denn für Schuhe? Lassen Sie mich hier erst einmal wieder Ordnung schaffen, bevor die Chefin das ganze Chaos sieht. Ich bin gleich für Sie da. (Lächelt freundlich)

Erstansprache Variante C:

„Grüß Gott! Na, Sie scheinen es ja eilig zu haben. Werden wir den richtigen Schuh für Sie finden?" (Lächelt freundlich)

Bitte beantworten Sie zu dieser Fallstudie, die drei folgenden Fragen und begründen Sie weshalb Sie sich so entschieden haben!

▶ Welche Erstkontakt-Eröffnung von Karin Mauer trifft hier ins Ziel?
▶ Welche Biostruktur offenbart Karin Maurer?
▶ Welche Biostruktur hat die Kundin?

Beispiel 6: In einem Vier-Sterne-Hotel

Es ist 16.00 Uhr. Ein junger Mann betritt etwas unsicher wirkend die Lobby eines komfortablen Hotels. Er trägt auffällig modische Turnschuhe, eine blaue Jeans sowie ein farbenfrohes Hemd über der Hose hängend. Unter dem Arm eine kleine Tasche. Er ist rein optisch eher nicht der Typ von Gästen, die hier oft ein Zimmer reservieren. Die Rezeption ist überfüllt, so dass ein Einchecken oder das Einholen von Auskünften mit Wartezeit verbunden ist. Der Empfangschef Lothar Schmitt, ein sehr aufmerksamer und korrekter Mitarbeiter, bemerkt sofort den unsicher wirkenden Herrn und denkt sich: „Und der will bei uns einchecken? Ob der weiß, was hier ein Zimmer kostet? Dem Ganzen werde ich einmal auf den Grund gehen." Zielstrebig und selbstsicher steuert Herr Schmitt auf den aus seiner Sicht unpassend gekleideten jungen Mann zu und spricht ihn mit folgenden Worten an:

Erstansprache Variante A:

„Guten Tag! Mein Name ist Lothar Schmitt. Ich bin der Empfangschef und hier für die Sicherheit zuständig. Darf ich Sie fragen, wen oder was Sie suchen?"

Erstansprache Variante B:

„Guten Tag! Mein Name ist Lothar Schmitt. Sie sind bestimmt bei uns verabredet. Zu wem wollen Sie denn? Vielleicht kann ich Ihnen weiterhelfen?"

Erstansprache Variante C:

„Guten Tag! Ich habe bemerkt, dass Sie etwas oder jemanden suchen. Ich bin der Empfangschef und heiße Lothar Schmitt. Wie darf ich Ihnen behilflich sein?"

Bitte beantworten Sie hier die drei folgenden Fragen und begründen Sie, weshalb Sie sich so entschieden haben!
- ▶ Mit welcher der Variante trifft wohl Lothar Schmitt die richtigen Worte?
- ▶ Welche Biostruktur hat wohl vermutlich der junge Mann?
- ▶ Welche Biostruktur hat Lothar Schmitt?

Lösungen:

Wie Sie sicher bemerkt haben, waren die ersten drei Fallstudien einfacher aufgebaut. Das war so beabsichtigt. Bei den letzten drei standen Sie vermutlich vor größeren Herausforderungen. Deshalb seien Sie nicht irritiert, wenn Ihnen das Beantworten hier etwas schwerer gefallen ist. Erst durch ein intensives Training und viel Routine wird es Ihnen gelingen, die verschieden Biostrukturen schneller und sicherer zu erkennen.

Auflösung Beispiel 1:

Hier ist der Einstieg von Variante A der Richtige. Joachim Müller ist ein Macher Typ mit Rot-Dominanz, dessen Grundangst darin besteht, Zeit zu vergeuden. Auch der dicke Ring, die auffällige Uhr und die direkte Art zu kommunizieren weisen auf einen Macher hin. Joachim Müller liebt es, die Dinge beim Namen zu nennen und schnell auf den Punkt zu kommen. Deshalb hat Stockner mit seiner direkten und klaren Art genau ins Schwarze getroffen.

Auflösung Beispiel 2:

Hier ist der Einstieg von Variante B der Richtige. Jens Wächter lobt den Kunden, der offensichtlich Grün-Dominanz besitzt, und erkennt, dass dieser an seinem alten Käfer hängt und diesen wohl nie hergeben wird. Durch das entgegengebrachte Verständnis gewinnt er den Interessenten schon im Erstkontakt.

Auflösung Beispiel 3:

Hier ist der Einstieg von Variante B der richtige. Frau Mayerhofer hat erkannt, dass es sich um einen blau-dominanten Mann handelt, der vorab wenig Interesse hat, viel von sich preiszugeben, und in perfektem, akkuratem Kleidungsstil vor ihr steht. Sie geht in ihrer Erstansprache gleich auf die Sachebene und lässt dem Interessenten seine Selbstbestimmtheit. Das findet Zuspruch bei Blau-Dominanz, so dass hier die richtige Ebene für eine Weiterführung des Gespräches geschaffen wurde.

Auflösung Beispiel 4:

Johanna war sich unschlüssig: Ist der ältere Herr mehr grün-dominant oder eher blau-dominant? Sie tendiert aufgrund der äußeren Erscheinung auf „Grün" und aufgrund seines Zögerns auf eine zweite Komponente, nämlich „Blau". Da rot-dominantes Verhalten kaum erkennbar war, ist das in diesem

Fall die richtige Einschätzung. Der ältere Herr hat eine Biostruktur mit Doppel-Dominanz Grün/Blau.

Die Antwort Varianten A + C sind demzufolge die passenden, denn weder der „Grüne" noch der „Blaue" mag es, zu Entscheidungen gedrängt zu werden. Johanna Bachmüller verfügt über sehr viel Empathie (Grün), offenbart zugleich guten Geschäftssinn und Initiativgeist (Rot).

Auflösung Beispiel 5:

Sehr zu loben ist, wie Karin Maurer ihre Antipathie gegen die „knall-rot" wirkende Frau bewältigt. Es ist keinesfalls zielführend, die Kundin den Ärger oder die Verachtung spüren zu lassen. Auch die Einsicht „ziemlich sicher ist sie nicht nur ‚rot'", hilft weiter. Dass Karin bei der Kundin auf „grün/rot" tippt, ist sicher korrekt, denn bemerkenswerte „Blau"-Eigenschaften lässt die hastige Schuhkäuferin tatsächlich nicht erkennen; sonst würde sie zum Beispiel die vom Regal entnommenen Schuhe nicht achtlos auf dem Boden liegen lassen. Auch die hennagefärbten Haare entsprechen nicht einer mitwirkenden Blau-Komponente. Somit ist Variante A die richtige. Karin hat gelernt, wie wichtig es ist, eine Beziehungsbrücke zum Gegenüber zu bauen. Sie spiegelt in Variante A die Eile wider, versucht aber gleichzeitig, ein „grünes" Element ins Verkaufsgespräch einzubringen: wir Frauen, Ruhe gönnen, bequem, kein Stress. „Haben wir gleich!" klingt gut in „roten" Ohren. Mehr muss es nicht sein.

Karin selbst offenbart im inneren Dialog ihre starke Rot-Dominanz: „aufgedonnerte Person, der müsste ich eigentlich eine Ansage machen", dachte sie.

Auflösung Beispiel 6:

Die Erstansprache Variante C ist hier die Richtige, da Lothar Schmitt mit dem letzten Teil der Frage Hilfestellung signalisiert. Dadurch bedient er die zweifelsohne vorhandene Grün-Dominanz, welche sich durch das abwartende Verhalten sowie des gesamten Erscheinungsbildes des jungen Mannes darstellt. Weiterhin wirkte der Mann im Hotel sehr unsicher, was Rot-Dominanz ausschließen lässt. Wäre er eine rot-dominante Person, hätte er sofort die Initiative ergriffen und einen Hotelmitarbeiter mit seinem Belangen konfrontiert. Rot-Dominante sind zeitgetriebene Personen und wollen die Dinge schnell geklärt und erledigt haben. Demzufolge stehen nur noch die grüne und die blaue Komponente zur Auswahl. Blau-Dominanz können wir mit hoher Wahrscheinlichkeit ebenfalls ausschließen, da ein „Blauer" wohl eher nicht mit Hemd aus der Hose hängend ein Vier-Sterne-Hotel betritt. Somit ist der junge Mann ziemlich sicher von Grün-Dominanz geprägt.

Lothar Schmitt ist eine blau-dominante Person, was sich durch seinen Ordnungssinn und der verhältnismäßig geringen Empathie im inneren Dialog offenbart.

Wie hoch war Ihre Trefferquote?

3.4 Power-Talking: Die Macht Ihrer Sprache

Power-Talking bedeutet, die Macht der Sprache gezielt einzusetzen und gewinnbringend zu nutzen. Das positive Denken wird hier mit positiven Formulierungen kombiniert. Durch das Weglassen von negativen Aussagen, das Einsetzen positiv besetzter Wörter und eine zielführende, lösungsorientierte Sprache hinterlassen Sie bei Ihren Gesprächspartnern einen wertschätzenden und bleibenden Ersteindruck! Denn wer es versteht, seine verbale Ausdrucksweise klar, motivierend und aufbauend einzusetzen, wird von anderen Menschen geschätzt, wirkt kompetenter und vertrauenswürdiger. Durch Power-Talking werden Ihre Beziehungen zu Geschäftspartnern, Gästen und Kunden harmonischer, gewinnbringender und zufriedener verlaufen. Power-Talking in der Kommunikation steigert Ihren Erfolg in einem Erstkontakt.

Lassen Sie uns die Wirkung von Power-Talking an einigen Beispielen veranschaulichen.

Beispiel 1: Hotelpersonal

Ein Gast betritt verspätet, abgehetzt und hungrig die Empfangshalle eines Hotels. Es ist ca. 22.00 Uhr. Rezeptionistin (A) begrüßt diesen, nachdem der sich mit seinem Namen vorgestellt hat, mit folgenden Worten:

„Guten Abend, Herr Dr. Müller, wir haben schon auf Sie gewartet und dachten, Sie kommen gar nicht mehr. Man weiß ja nie, zuletzt hatten wir einige Gäste, die ihre Reservierungen nicht einhielten. Na ja, dann lassen Sie uns mal erst das lästige Formelle erledigen." Dr. Müller fragt daraufhin erwartungsvoll nach der Möglichkeit, eine Kleinigkeit zu essen. Die Rezeptionistin dreht sich um, zeigt mit dem Finger auf die oben hängende Uhr und sagt: „Werter Herr, es ist bereits 22.00 Uhr und unsere Küche hat längst geschlossen, da kann ich leider nichts dran ändern. Nun müssen Sie bis morgen früh warten, ab 7.00 Uhr gibt es Frühstück. Aber es gibt ja noch die Mini-Bar auf dem Zimmer!" Herr Müller fragt daraufhin irritiert nach einem nahegelegenen Restaurant und bittet um die Bestellung eines Taxis. Die Rezeptionistin antwortet: „Es gibt einen Italiener etwa zwei Kilometer entfernt. Persönlich empfehlen kann ich den jedoch nicht, da ich noch nie dort gewesen bin."

Der Hotelgast erinnerte nochmals an das Taxi. Nach drei Wählversuchen der Rezeptionistin erhält Herr Müller Achseln zuckend folgende Aussage: „Da nimmt gerade keiner ab, was nun?"

Rezeptionistin (B) sagt: „Guten Abend, Herr Dr. Müller. Schön, dass Sie bei uns sind. Ich hoffe, Sie hatten eine gute Anreise? Wir haben das Formelle bereits weitestgehend für Sie erledigt, so dass Sie nur noch unten links unterschreiben dürfen und auch gleich Ihr Zimmer beziehen können." Nach der Frage bezüglich des Essens bekommt der Gast folgende Antwort: „Das bekommen wir hin. Lassen Sie mich kurz abklären, ob noch jemand in der Küche ist, damit wir für Ihr leibliches Wohl sorgen können." Nach kurzer Rücksprache der Rezeptionistin erhält Herr Müller von ihr folgende Information: „Leider ist unser Restaurant schon geschlossen, ich kann Ihnen aber einen Italiener ca. 15 Minuten Fußweg von hier wärmstens empfehlen. Dort kann man hervorragend essen. Darf ich Ihnen ein Taxi rufen?"

Welcher der beiden Erstkontakte wird unserem Gast wohl in positiver Erinnerung bleiben?

Beispiel 2: Einzelhandelsverkäufer

Susanne Koch betritt die Ausstellungsfläche eines großen Küchenanbieters. Sie ist auf der Suche nach einem Luxusgrill für ihre große und sonnige Terrasse. Nach langem Warten und Suchen in der Ausstellung erlebt sie folgende Erstansprache:

Verkäufer (A) sagt: „Guten Tag, wie ich sehe, suchen Sie etwas Bestimmtes, kann ich Ihnen helfen?" „Mir ist nicht mehr zu helfen", so die spontane Antwort der Kundin. „Ich suche einen Luxusgrill für meine Sonnenterrasse. Haben Sie so etwas?" „Was soll ich Ihnen sagen? Luxusgrill, nein, da sind Sie bei uns völlig falsch", so die postwendende Reaktion des Verkäufers. „Wir sind ein Küchenfachgeschäft, in dem Sie schöne Küchen kaufen können. Geräte, mit denen Grillen auf der Terrasse möglich ist, führen wir nicht. Wissen Sie, die Nachfrage ist so selten, dass diese Produkte für uns uninteressant sind."

Verkäufer (B) sagt: „Guten Morgen, bitte entschuldigen Sie die Wartezeit, was genau darf ich Ihnen zeigen?" „Ich suche einen Luxusgrill für meine

Sonnenterrasse, führen Sie so etwas?" „Das wird eine Herausforderung, wir haben uns auf Küchen spezialisiert. Ich bin Ihnen dennoch gern behilflich. Lassen Sie mich kurz mit einem Kollegen sprechen. Er grillt selbst leidenschaftlich gerne und kann uns bestimmt ein Fachgeschäft nennen, in dem Sie eine große Auswahl solcher Geräte finden."

Sie erahnen sicher, welchem der beiden Verkäufer sich der Interessent bei einem nächsten Bedarf gern ein weiteres Mal zuwenden wird.

Beispiel 3: Supermarktangestellte

Alexander Dorn geht in einem großen Supermarkt zielgerichtet auf die Käsetheke zu, die für eine umfangreiche Auswahl bekannt ist. Er ist auf der Suche nach einer speziellen Käsesorte. Auf seine Frage, ob sie genau diesen Käse im Sortiment führen, kommt folgende Reaktion.

Fachverkäuferin (A): „Nein, da kann ich Ihnen nicht helfen. Den Käse führen wir nicht. Unsere Kunden haben noch nie danach gefragt!"

Fachverkäuferin (B): „Oh diesen Käse kenne ich, er ist wirklich sehr gut. Durch eine Sortimentsumstellung führen wir diesen Käse leider im Moment nicht. Als Alternative empfehle ich Ihnen eine ähnliche Käsesorte, die Sie auch überzeugen wird, da diese dem Gewünschten geschmacklich sehr nahe kommt. Möchten Sie den mal probieren?"

Bei welcher Verkäuferin hatte wohl Herr Dorn ein besseres Einkaufserlebnis?

Offensichtlich haben die Dienstleister der Gruppe A in allen drei Beispielen noch nie etwas von Power-Talking gehört. Werden im Gespräch verstärkt negative und nicht lösungsorientierte Formulierungen verwendet, so stößt man beim Gesprächspartner auf Unverständnis, Irritation und sofortige Ablehnung. Eine unachtsame Ausdrucksweise richtet im Erstkontakt bereits große Schäden an. Der Gesprächspartner fühlt sich mit zusätzlichen Problemen konfrontiert und allein gelassen. Er wird sich deshalb genauestens überlegen, ob er sich auf eine weitere Begegnung einlässt.

An der Gesprächsführung der Dienstleister B wird deutlich, wie durch eine überlegte Wortwahl Erstgespräche erfolgreicher verlaufen, da hier in Problemsituationen auch Lösungsmöglichkeiten angeboten werden.

Die folgenden Beispielformulierungen zeigen Ihnen, welche Möglichkeiten es gibt, die ein oder andere ungünstig gewählte Aussage durch Power-Talking in eine positive, weiterhelfende Ausdrucksweise umzuwandeln.

Tabelle 7: Beispiel-Formulierungen für Power-Talking im Erstkontakt

Negative Aussagen	Motivierende Aussagen
Ich muss Ihnen das ...	Ich werde Ihnen ... Ich möchte Ihnen gern ...
Das geht nicht!	Bitte sagen Sie mir, was Sie mit der Lösung erreichen wollen. Ich bin sicher, dass wir einen anderen Weg finden werden.
Das kann oder weiß ich nicht!	Da bin im Moment überfragt, gern informiere ich mich für Sie.
Nein, das gibt es bei uns nicht!	Es gibt für alles eine Lösung, lassen Sie uns gemeinsam schauen...
Das ist zu kompliziert für mich!	Das stellt eine Herausforderung dar.
Die Qualität ist einfach!	Die Ausstattung ist durchaus zweckmäßig.
Das Produkt ist billig	Das Produkt ist preiswert
Damit werden Sie keinen Ärger haben.	Damit haben Sie sicher viel Freude.
Warum fragen Sie?	Ich sehe, Sie benötigen noch mehr Informationen.
Warum kommen Sie jetzt erst?	Schön, dass Sie da sind!
Sie wollen es aber genau wissen, oder?	Das sind interessante Gedanken, lassen Sie mir etwas Zeit, das zu verinnerlichen ...
Da kann ich Ihnen nicht helfen!	Unser/e Herr/Frau ... ist hier der passende Ansprechpartner für Sie.
Das ist aber untypisch!	Das spiegelt Ihren besonderen Geschmack wider.
Das klingt uninteressant!	Wie können wir für Sie noch mehr Spannung erzeugen?
Da kann ich nichts daran ändern!	Ich gebe mein Bestes für Sie!
Das ist mir unbekannt, das kenne ich nicht!	Das hört sich spannend an, erzählen Sie mir mehr davon.
Das habe ich noch nie gemacht!	Das ist eine neue Chance.

Das dauert sehr lange, bis ...	Wir werden den schnellstmöglichen Termin für Sie finden.
Warum haben Sie mich nicht informiert?	Über einen kurzen Anruf hätte ich mich gefreut.
Das dürfen Sie nicht!	Ich habe folgende Alternativen für Sie ...
Das sollten Sie nicht tun!	Aus meiner Sicht lauern einige Unwägbarkeiten auf diesem Weg.
Jeder weiß doch, dass ...	Ich habe letzte Woche gelesen, dass ...
Dafür bin ich nicht zuständig.	Lassen Sie mich nachsehen, wer hier der bessere Ansprechpartner für Sie ist.
Ich kann Ihnen beweisen, dass ...	Lassen Sie uns gemeinsam über eine weitere Möglichkeit nachdenken.

Sicherlich können die eben gelesenen motivierenden Aussagen auch in Rot, Grün und Blau näher differenziert werden, allerdings benötigen Sie hierfür vertiefendes Hintergrundwissen, das Sie sich in einem Training aneignen können.

Geht es um die eigenen Belange, wollen Menschen positive Dinge hören. Power-Talker verstehen es, negative Redewendungen in positive umzuformulieren. Sie streichen gezielt negativ besetzte Worte aus ihrem Sprachwortschatz. Die Wirkung auf andere ist dadurch beachtlich.

Tipp:

Achten Sie einmal bewusst in Ihrem Alltag darauf, wie viele negative Reizwörter Sie durch positive ersetzen können. Sie werden über die Vielfalt an Möglichkeiten überrascht sein. Wenn Sie täglich nur zwei, drei kraftlose Formulierungen in Ihrem Wortschatz entdecken und diese durch Power-Formulierungen ersetzen, optimieren Sie sukzessive Ihr Vokabular und können so Ihre Gesprächspartner nachhaltiger begeistern und gewinnen.

Die folgende Beispiel-Aufzählung hilft Ihnen, gleich damit zu beginnen.

Tabelle 8: Wörter für Power-Talking im Erstkontakt

Negative Reizwörter	Positiv formuliert
kompliziert	herausfordernd
teuer	hochwertig
Preis	Wert
Kosten	Investition
würde, könnte, sollte, wäre,	ist
ungewöhnlich	faszinierend
versuchen	tun
Warum?	Weshalb? Welche Gründe …
gebrauchen	Nutzen
gebraucht	neuwertig
vielleicht	bestimmt
nett	schön
eventuell ist…	höchst, möglichst
müssen	werden
trotzdem	interessanterweise
einfach	zweckmäßig
man	ich, Sie
wahrscheinlich	ziemlich sicher
komisch	neuartig
unbekannt	neugierig
ganz nett	wirkungsvoll
nichtsdestoweniger	deshalb
auch wenn	darüber hinaus
obwohl	während
Konkurrenz	Wettbewerb

Die besondere Eigenschaft von Power-Talking besteht darin, positive Gefühle und Gedanken bei Ihren Gesprächspartnern zu wecken und ihnen den Eindruck zu vermitteln, dass sie bei Ihnen gut aufgehoben sind. Überlegen Sie also genau, mit welchen Wörtern Sie ein Gespräch führen, und schaffen Sie so die Basis, um langfristig erfolgreich zu bleiben. Wer Power-Talking beherrscht, gewinnt die Menschen und bleibt länger und vor allem in sehr guter Erinnerung!

3.5. Körpersprache, Pacen und Rapport in einem Erstkontakt

In diesem Kapitel erfahren Sie, welche Schlüsselrolle die Körpersprache, das einander Angleichen (engl. to pace) und die Fähigkeit, schnell die gleiche Wellenlänge zu finden (engl. Rapport), in einem Erstkontakt spielen. Beginnen wir zuerst mit der Körpersprache.

Die Körpersprache

Die Körpersprache (= nonverbale Kommunikation) ist jegliche Kommunikation, die nicht verbal erfolgt, also weder über Lautsprache noch über Gebärden- oder Schriftsprache.

Das menschliche Gehirn nimmt bei der ersten Begegnung mit einer Ihnen bis dahin unbekannten Person innerhalb der ersten 20 Sekunden eine bestimmte Haltung ein. Dieser Komplex von Einstellung und Haltung wird dann vom Gehirn an verschiedene Körperteile weitergeleitet, und zwar mit der Anweisung, gezielt etwas zu tun. Das, was der Körper ausführt, wird zur Körpersprache.

Körpersprache, also Gesten und Mimik, erfolgt stets Bruchteile von Sekunden vor der eigentlichen Sprache. Wissenschaftler glauben, dass dies ein Relikt aus der Zeit der Vorzeit-Menschen ist, in der menschliche Sprache noch nicht ausgebildet war und die Verständigung über Gesten und Gebärden erfolgte.

Mit Hilfe der folgenden Auflistung erhalten Sie einen Überblick, über welche körpersprachlichen Kanäle Ihnen Ihr Körper unbewusst verrät, was er von Ihrem Gegenüber hält.

Tabelle 9: Am häufigsten genutzten Ausdrucksweisen der Körpersprache:

Augenbewegungen	Schwache Gesten und Signale jeglicher Art
Körperhaltung	Händedruck
Bewegungen	Berührungen
Körperhaltung	Muskelzucken
Vegetative Symptome: Schwitzen, Erröten, Erblassen, Pupillengröße ... Lächeln	Kopfhaltung
Gesichtsausdruck	Sitzposition und Fußstellung
Armhaltung	Distanz

Die Körpersprache ist die einzige Sprache, die alle Menschen sprechen, aber leider nur die wenigsten verstehen. Vereinfacht ausgedrückt ist die Körpersprache all das, was zum Beispiel ein Schauspieler vermittelt, der in einem Stummfilm zu sehen ist, oder die Eindrücke, die Sie von Personen wahrnehmen, wenn Sie eine Fernsehsendung ohne Ton sehen.

All die Leute, mit denen Sie tagtäglich kommunizieren, ganz egal, ob es Kunden, Gäste, Mitarbeiter oder Kollegen sind, sprechen mit ihrem Körper eine nonverbale Sprache. Diese Sprache verrät stets mehr über die eigentliche Stimmung und Meinung als all die gesprochenen Worte. Deshalb gibt es gerade hier Wichtiges zu beachten:

Körpersprachliche Signale können Sie am stärksten Glauben schenken, je weiter entfernt sie vom Gesicht Ihres Gesprächspartners auftauchen, sprich je weniger dem anderen seine Handlung bewusst ist.

Die folgenden sechs körpersprachlichen Signale verdeutlichen Ihnen das im Einzelnen.

Sechs körpersprachliche Signale

1. **Autonome Signale:** Das sind Reaktionen, die wir nicht steuern können, da sie normalerweise nicht durch das Bewusstsein direkt kontrolliert werden können. Dazu zählen Schweißbildung, Erröten, Blasswerden etc.

2. **Bein- und Fußsignale:** Die unteren Körperteile können wir offensichtlich weniger gut bewusst unter Kontrolle halten, also liefern z. B. Füße interessante Hinweise: Scharren mit den Füßen bei scheinbar interessiertem Zuhören, Wippen, häufige Haltensänderung der Beine

    Körpersignale: Gemeint ist die allgemeine Körperhaltung. Ein aufgeregter Mensch kann beispielsweise kaum entspannt dasitzen.

3. **Unbewusstes Gestikulieren:** Auch wenn wir die Hände besser unter Kontrolle haben, unkontrollierte Handbewegungen verraten dennoch etwas über die Stimmung.

4. **Klar verständliche Handgesten:** Das sind bewusst eingesetzte Handzeichen (das Victory-Zeichen z. B.), die deshalb auf der Glaubwürdigkeitsskala weit unten stehen.

5. **Gesichtsausdruck:** Dieser ist gut zu kontrollieren, auch wenn es bei widersprüchlichen Empfindungen winzige Anzeichen gibt, die den wahren Zustand verraten [5].

Es ist von großer Wichtigkeit, die Körpersprache anderer Personen richtig deuten zu können. Dadurch haben Sie die Möglichkeit, schnell zu erkennen, ob jemand lügt, sich langweilt oder ungeduldig ist. Von noch größerer Bedeutung ist es jedoch, sich der eigenen Körpersprache stets bewusst zu sein, diese zu beherrschen und sie im Griff zu haben. Erst dadurch können Sie sich besser auf Ihren Gesprächspartner einstellen und sich in einem Erstkontakt Ihrem Gegenüber schneller anpassen. Dieses Phänomen nennen wir Pacen (angleichen).

Das Pacen (sich einander angleichen)

Unter Pacen ist jegliche Form von Widerspieglung der Körpersprache eines anderen Menschen zu verstehen. Pacen bedeutet im übertragenen Sinne, anderen Personen einen Spiegel vorzuhalten. Das Ziel ist es, Übereinstimmungen im Hören, Sehen und Fühlen mit der jeweiligen Person zu erreichen, so dass diese in einem Erstkontakt das Gefühl vermittelt bekommt, verstanden und angenommen zu werden.

Erfolgreiches Pacen ist also ein Prozess, der abläuft, wenn es Ihnen gelingt, einem Gesprächspartner in „seinem Modell der Welt" zu begegnen. Menschen neigen dazu, andere zu mögen, wenn sie genau so sind wie sie selbst. Verantwortlich hierfür sind sogenannte Spiegelneuronen im Gehirn, die uns unbewusst steuern und dafür sorgen, dass wir Gleichheiten in jeglicher Form als sympathisch empfinden.

Lesen Sie hierzu ein kurzes, Ihnen sicherlich bekanntes Beispiel:

> Sicher haben Sie schon einmal bewusst wahrgenommen, wie sich eine Mutter verhält, wenn sie ihrem neun Monate alten Kind die Nahrung auf dem Löffel reicht? Sie öffnet dabei ihren Mund und motiviert so das Kind zum Nachahmen. Das Kind wird in 95 Prozent aller Fälle ebenfalls seinen Mund öffnen und die Mutter nachahmen. Dadurch werden bereits bei Babys nach neun Lebensmonaten erste Impulse gesetzt, die dafür sorgen, dass wir im Erwachsenalter bei Gleichgesinnten schneller Vertrauen aufbauen können und uns wohlfühlen, wenn wir auf uns bekannte Gleichheiten stoßen. Folgende Aufzählung vermittelt Ihnen, auf welchen Ebenen Sie Pacen, immer unter der Berücksichtigung der Beibehaltung Ihrer Authentizität, ausüben können.

Tab. 10: Möglichkeiten des Pacing

Körpersprache	Sitzstellung
	Beinhaltung
	Armbewegungen
	Körperhaltung
	Kopfhaltung
	Atmung
Sprechweise	Stimmlage
	Sprechgeschwindigkeit
	Wortwahl
	Tonfall
	Benutzung von Fremdwörtern oder Fachbegriffen
	Dialekt
Gefühle und Stimmungen	Geistige Haltung
	Toleranzschwellen
	Engagement
	Überzeugungen
	Respekt anderen gegenüber
	Wertschätzung anderen gegenüber

Durch Pacen erhalten Sie mehr Möglichkeiten, sich in die Gefühle fremder Personen speziell im Erstkontakt hineinzuversetzen. Allein durch die Anpassung der Stimmlage oder der Sprechgeschwindigkeit können Sie einen schnelleren Beziehungsaufbau sichern und somit Erstkontakte erfolgreicher gestalten. Das übergeordnete Ziel von Pacen ist es, Rapport (eine gleiche Wellenlänge) zu unserem Gesprächspartner aufzubauen, um diesen persönlich und inhaltlich auf unsere Seite zu bekommen.

Rapport: Die gleiche Wellenlänge erreichen

Eine Rapport-Situation mit einem potenziellen Kunden im Erstkontakt zu erzielen bedeutet, ein gegenseitiges Gefühl von Harmonie, Wohlbefinden, Akzeptanz und Geborgenheit zu entwickeln.

Rapport drückt ein Verhältnis aus, das durch Einverständnis („gleiche Wellenlänge") sowie gegenseitige Sympathie charakterisiert ist.

Sie haben sicher schon einmal gesehen, wie sich ein Liebespaar in einem Restaurant gegenübersitzt. Die beiden sehen einander tief in die Augen. Sie spiegeln unbewusst die gegenseitige Sitzposition, Kopfhaltung und viele andere Bewegungen. Versuche haben gezeigt, dass Liebespaare in solch einer Situation nicht nur die gegenseitige Körpersprache spiegeln. Sie sprechen auch im selben Tempo und in der gleichen Stimmlage. Sie befinden sich in einer sogenannten Rapport-Situation.

Das Pacen ist ein sehr geeignetes Instrument für den erfolgreichen Rapport-Aufbau. Wichtig hierbei ist es, wie bereits erwähnt, im Bereich Ihrer Authentizität zu bleiben, also nicht gekünstelt zu spiegeln. Jedes unnatürliche Verhalten wird schnell von Ihrem Gegenüber als unangenehm wahrgenommen und führt zu einer inneren Ablehnung des Gesprächspartners.

Konzentrieren Sie sich in einem Erstkontakt auf das Finden von vorhandenen Gemeinsamkeiten. Das sind beispielsweise Hobbys, Beruf, Interessen, Ansichten, Wortschatz, Werte und Dialekt. Wenn Sie diese im Gespräch vertiefen, werden Sie erleben, dass Gegensätze, Misstrauen, Skepsis, Angst, Zorn und andere unzweckmäßige Widerstände leichter zu überwinden sind. Wir Menschen haben wirklich eine Menge gemeinsam. Mit ein wenig Übung ist es eine Leichtigkeit, Sympathie für unsere Gesprächspartner zu entwickeln, um die Chance zu erhöhen, diese in einem Erstkontakt zu gewinnen.

3.6 Wirkung und Ausstrahlung

Auch durch Ihre positive Wirkung und eine positive Ausstrahlung schaffen Sie eine weitere Voraussetzung, um Ihren Gesprächspartner in einem Erstkontakt zu gewinnen. Erfolgreiche Menschen sind sich Ihrer Wirkung stets bewusst und setzen diese auch ganz gezielt ein. Wie sieht es bei Ihnen aus? Wissen Sie, worüber Sie persönlich in einem Erstkontakt positiv wahrgenommen werden? Ist es Ihre Ausstrahlung, mit der Sie andere Personen mitreißen? Gewinnen Sie Menschen durch Ihre Empathie? Oder sind Sie eher ein Mensch, der seine Gesprächspartner inhaltlich überzeugt, um diese für sich zu gewinnen?

Bereits seit den 70er Jahren ist durch den US-amerikanischen Professor und Psychologen Albert Mehrabian bekannt und bewiesen, dass wir einen Gesprächspartner auf drei verschiedenen Ebenen unterschiedlich stark von uns und unseren Produkten überzeugen:

1. Inhaltsebene

2. Stimme- und Sprachebene

3. Körpersprache- und Ausstrahlungsebene

Das Kommunikationsmodell von Mehrabian besagt, dass wir, wenn wir mit jemandem sprechen, nur mit 7 Prozent auf der inhaltlichen Ebene, also dem Gesagten, überzeugen. Immerhin gelingt es uns, unser Gegenüber mit 38 Prozent durch die Sprache (Tonlage, Sprachmelodie, Schwingungen), also der Art und Weise, wie wir etwas sagen, zu überzeugen. Mit den verbleibenden 55 Prozent, die der Ausstrahlung und der damit im Zusammenhang stehenden Körpersprache zuzuordnen sind, gelingt es uns am stärksten, Gesprächspartner zu gewinnen.

Am stärksten überzeugen wir also in einem Erstkontakt durch unsere Körpersprache und unsere Ausstrahlung. Hätten Sie damit gerechnet?

Die Minimalisten unter uns werden nun sagen: „Dann brauch ich mich ja inhaltlich nicht mehr oder nur geringfügig auf einen Erstkontakt, eine Präsentation oder Ähnliches vorzubereiten. Ich überzeuge einfach durch einen starken Auftritt und habe meinen Gesprächspartner gewonnen." Nun, so einfach ist es natürlich nicht. Es ist unerlässlich, dass Sie sich auf jeden Fall inhaltlich perfekt vorbereiten. Das gibt Ihnen die notwendige Sicherheit, um der eigenen Körpersprache die gewünschte Kraft zu verleihen. So schaffen Sie eine weitere Basis für das Gelingen eines Erstkontakts.

Ausstrahlung und Stimme überzeugen mehr als der Inhalt!

Albert Mehrabian- Studie

Inhalt	7%
Sprache/Tonlage	38%
Ausstrahlung	55%
Summe	100%

Abbildung 12: Albert Mehrabian

Bewusst sollte Ihnen deshalb stets eines sein: Die Ausstrahlung und die damit in Verbindung stehende Körpersprache sind weitere, sehr wichtige Bausteine für ein Gelingen des Erstkontakts.

Ich möchte Ihre Aufmerksamkeit in diesem Zusammenhang noch auf Folgendes richten. Es ist wichtig zu wissen, dass wir Menschen auf zwei verschiedenen Ebenen kommunizieren: auf der Beziehungs- und auf der Sachebene. Diese beiden Ebenen beeinflussen sich stets gegenseitig. Um einen grün- oder rot-dominanten Gesprächspartner im Erstkontakt zu gewinnen, ist es zunächst sehr hilfreich, auf der entscheidenden und wirkungsvollen Beziehungsebene zu kommunizieren. Erst wenn Sie auf der Beziehungsebene einen guten Draht zu den beiden Biostrukturen aufgebaut haben, wissen Sie, wie Sie mit den sachlichen Inhalten umgehen müssen, die Ihre Gesprächspartner aussenden. Auch bei blau-dominanten Gesprächspartnern ist der Versuch erlaubt, sich auf der Beziehungsebene anzunähern. Jedoch sollte dies mit äußerster Vorsicht geschehen. Denn Personen mit Blau-Dominanz bevorzugen im Erstkontakt die Kommunikation vorerst eher auf der Sachebene.

Nachfolgend möchte ich Sie nun für die sogenannten „Kleinigkeiten" sensibilisieren, die dazu führen können, dass Sie ein Gesprächspartner innerlich ablehnt, ohne dass Sie es äußerlich merken. Bitte stellen Sie sich hierzu einmal folgende Situation vor: Sie stehen kurz vor einer Präsentation, sei es vor mehreren Personen oder auch nur einer Person. Nun müssen Sie gleich die ersten Worte platzieren. Worauf sollten Sie achten? Die folgende Aufzählung hilft Ihnen, das Wichtigste zu beachten.

Der sichere Start eines geplanten Erstkontakt-Gesprächs: Die ersten Worte einer geplanten Gesprächseröffnung wollen authentisch und selbstsicher präsentiert werden. Bedenken Sie, dass speziell die Art und Weise, wie Sie ein Gespräch eröffnen, wichtig für Ihren Erfolg ist. Auch und gerade hier sind die ersten 20 Sekunden entscheidend. Machen Sie sich zu jeder Zeit klar, dass schon in dieser Phase das erste Fettnäpfchen lauert. Verpassen Sie einen erfolgreichen Start, haben Sie Ihren Gesprächspartner schon so gut wie verloren. Meine Empfehlung ist es, gerade am Start einer Präsentation alles zu geben, um viel Spannung und große Neugierde aufzubauen.

Tipp:

Lebendig und bildhaft erzählte Geschichten fesseln die Aufmerksamkeit und Konzentration Ihrer Gesprächspartner. Denken Sie an einen guten Krimi! Dieser beginnt stets mit einem Mord, um die Zuschauer zu fesseln und zu motivieren, den Film bis zum Ende zu schauen. Ich möchte Sie hiermit nun keinesfalls dazu motivieren, einen Mord zu begehen! Was ich damit sagen möchte, ist: Beginnen auch Sie mit etwas Spannendem, um Neugierde auf Ihre Person und das Thema zu lenken!

Hände sprechen Bände: Vermeiden Sie unbewusste Gesten mit Ihren Händen. Die Hand sollte keinesfalls im Gesicht sein oder Teile des Gesichts abdecken. Das signalisiert Unsicherheit, Schamgefühl oder sogar das Gefühl, etwas zu verbergen. Arbeiten Sie daran, Ihre Arme und Hände kontrolliert zu bewegen. Denn oftmals wird es einem erst in dem Moment bewusst, wenn die Hand hochfährt und man diese Geste im letzten Moment vermeidet, sodass die Hand am Hals „landet". Auch diese Geste ist für ein geschultes Gegenüber ein erkennbar aussagekräftiges Zeichen. Achten Sie darauf, dass Ihre Hände stets sichtbar sind und nicht in der Jacken- oder Hosentasche oder sogar hinter dem Rücken verschwinden! Eine vertrauensvolle Geste ist, die geöffneten Handinnenflächen zu zeigen. So signalisieren leicht geöffnete Hände Ehrlichkeit und Glaubwürdigkeit. In früheren Zeiten war dies ein Zeichen dafür, in friedlicher Mission unterwegs zu sein, da man offensichtlich nicht bewaffnet war.

Sitzen oder stehen Sie aufrecht und ruhig: Nehmen Sie während der ersten Worte und auch danach eine aufrechte und ruhige Sitz- oder Standhaltung ein, und zwar so, dass Sie trotzdem noch (innerlich) entspannt sind. Somit zeigen Sie Ihrem Gegenüber außer einem respektvollen Verhalten auch, dass Sie ihm aufmerksam zuhören und in sich stimmig sind. Dies bewirkt nicht nur auf eine hohe Glaubwürdigkeit, sondern macht sich auch in Ihrer Überzeugungskraft und inneren Stärke bemerkbar. Wenn Sie sitzen, dann ruhig auf der gesamten Sitzfläche. Vermeiden Sie unbedingt, mit dem Stuhl oder Ihren Beinen zu wippen! Schlingen oder knoten Sie Ihre Beine nicht um die Stuhlbeine. Gerade das vermittelt einen Eindruck von Unsicherheit. Darüber hinaus sollten Sie darauf achten, nicht zu breitbeinig auf Ihrem Stuhl zu sitzen. Fachleute für Körpersprache bezeichnen eine breitbeinige Sitzposition als „Genitalpräsentieren". Sie verstehen sicher, weshalb dies keine gute Haltung für ein erstes Zusammentreffen ist.

Tipp:

Wenn Sie Ihre Knie maximal hüftbreit auseinander halten, gehen Sie in der Regel kein Risiko ein. Vermeiden Sie eine abwehrende Haltung durch zu starkes Zurücklehnen oder Verschränken der Arme! Selbstverständlich sollten Sie aus Gründen der Reinheit nicht die Fußknöchel auf den Knien ablegen und mit Ihren Händen die Füße oder Sohlen der Schuhe berühren.

Atmen Sie ruhig: Achten Sie auf Ihre Atmung. Eine ruhige und ausgeglichene Atmung trägt dazu bei, dass Sie selbstsicher und ausgeglichener wahrgenommen werden. Zudem bekommt Ihre Stimme mehr Klang und Kraft. Ruhiges Atmen trägt zur muskulären Entspannung bei, was sich besonders auf die Stimme positiv auswirkt.

Verraten Sie etwas von sich selbst: In einem Erstkontakt sind beide Seiten gefordert, eine Brücke zu bauen, die eine zwischenmenschliche Annäherung ermöglicht. Dies ist speziell bei Grün-Dominanten wichtig. Gehen Sie, wenn es in den Gesprächsverlauf passt und wenn Sie bei Ihrem Gesprächspartner eine Grün-Dominanz feststellen, gerne auch mal auf Ihre Hobbys, Vereinstätigkeiten, eventuelle Haustiere oder Sammelleidenschaften ein. Das Gespräch wird dadurch persönlicher und offener. Auch Ihr Gegenüber wird im Gegenzug sicher etwas von sich verraten. Somit haben Sie die Chance, sich besser kennenzulernen, eine Bindung aufzubauen und Vertrauen zu schaffen. Merken beziehungsweise notieren Sie sich diese persönlichen Vorlieben in Ihren Unterlagen. Auch in nachfolgenden Gesprächen signalisiert es dem Gesprächspartner Ihr Interesse an seiner Person, wenn Sie ihn erneut darauf ansprechen. Auch in punkto „kleine Aufmerksamkeiten" sind solche Informationen sehr wichtig!

Halten Sie Blickkontakt: Halten Sie stets Blickkontakt! Häufiges Wegschauen signalisiert Ihrem Gegenüber Desinteresse und wirkt ausweichend. Gehemmt und verschlossen wirken Sie ebenfalls, wenn Sie den Blick ständig auf den Boden oder in Ihren Schoß richten. Verfallen Sie aber auf keinen Fall in ein aufdringliches Anstarren! Auch hier gilt es, ein angenehmes Mittelmaß zu finden und zu halten.

Verzichten Sie auf Selbstdarstellung: Sich gut zu präsentieren ist im Erstkontakt unverzichtbar. Sich selbst in höchsten Tönen zu loben, seine vermeintliche Qualität in den Vordergrund zu stellen, am liebsten sich selbst reden zu hören, über die eigenen Witze zu lachen – das sind Eigenarten, die wenig erfolgversprechend sind und die Sie besser anderen überlassen sollten. So ein Verhalten wirkt überheblich und selbstgefällig! Sie verlieren nicht nur an Glaubwürdigkeit, sondern auch das Interesse Ihres Gesprächspartners. Auf diesem Weg wird kaum eine langjährige, vertrauensvolle Geschäftsbeziehung zustande kommen.

Verleihen Sie dem gesagten Wort mehr Gewicht: Gesprochene Worte erhalten mehr Aussagekraft, wenn diese von Ihrer Mimik und Gestik unter Beibehaltung Ihrer Authentizität unterstützt werden. So steigern Sie Ihre Wirkung und signalisieren Ihrem Gegenüber, dass Sie auch innerlich zu dem stehen, was Sie sagen und meinen.

Seien und bleiben Sie authentisch: Wenn Sie authentisch sind und bleiben, werden Sie als real, ungekünstelt, „echt" wahrgenommen. Stehen Sie zu sich selbst! Überzeugen Sie mit Ihrer einzigartigen Persönlichkeit! Versuchen Sie nicht, beispielsweise gezwungen Hochdeutsch zu sprechen, wenn Sie sonst im Dialekt zu Hause sind. So pressen Sie sich selbst in eine Rolle, die nicht Ihrer Persönlichkeit entspricht, und verlieren die Glaubwürdigkeit. Wenn Sie „echt" sind, sind Sie für Ihren Gesprächspartner besser einschätzbarer. Ihr Gesprächspartner empfindet eher Sicherheit und gewinnt schneller an Vertrauen.

Wirkung und Ausstrahlung in einem Erstkontakt sind also weitere zentrale Bausteine, um in einer ersten Begegnung Ihre Gesprächspartner zu gewinnen. Je sympathischer und überzeugender Sie auf Ihr Gegenüber wirken, desto leichter fällt es Ihnen, Ihre Argumente ans Ziel zu bringen. Es sind primär Ihre eigenen Gedanken und Ihre positive innere Haltung, die nach außen hin wirkten und von Ihrem Gegenüber stark wahrgenommen werden. Durch das Weglassen von alten, hinderlichen Gewohnheitsmustern und das Einsetzen von neuen, erfolgversprechenden Handlungsstrategien realisieren Sie viel schneller und einfacher Ihre Wünsche und Ziele. Seien Sie sich dessen stets bewusst!

3.7 ERFOLG – Die Gewinnerformel in einem Erstkontakt

In diesem Kapitel geht es um den systematischen Gesprächsaufbau. Ein Dialog zwischen Ihnen und Ihrem Gesprächspartner kann sich nur entwickeln, wenn Sie sich innerhalb eines Gesprächs immer wieder in die Lage Ihres Gegenübers versetzen können. Nur so schaffen Sie es, zielgerichtete und ergebnisorientierte Gespräche zu führen. Ich zeige Ihnen nun im Folgenden auf, was ich unter einem systematisch geführten Gespräch verstehe:

Nehmen Sie einmal an, Sie müssen gleich in wenigen Minuten ein Kunden-Erstgespräch führen. Welche Phasen gilt es hier zu durchlaufen und welche Ziele sind in den einzelnen Phasen zu erreichen? Gehen wir einmal Phase für Phase durch und beginnen mit der Ersten:

Phase 1: Einstimmungsphase

Als Phase 1 bezeichne ich die Einstimmungsphase kurz vor dem Gesprächsbeginn. Das Ziel in dieser Phase ist es, sich auf den Gesprächspartner, auf das zu besprechende Thema und die neue Umgebung intensiv einzustimmen. Mit einer positiven Einstellung zu sich selbst und zum Leben generell schaffen Sie die beste Voraussetzung, die Aufmerksamkeit Ihres Gegenübers zu erhalten.

Phase 2: Rapportphase

Das oberste Ziel in der Rapportphase ist es, alles Erdenkliche zu vermeiden, was Ihrem Gesprächspartner sonderlich oder komisch erscheinen könnte, und alles Mögliche zu tun, um Gemeinsamkeiten aufzudecken.

Die Rapportphase dient dazu, eine positive Ausgangsbasis für ein intensives und offenes Gespräch zu schaffen. Rapport aufbauen bedeutet, eine gleiche Welle zu Ihrem Gegenüber zu finden, dem Gesprächspartner das Gefühl von Ähnlichkeit zu vermitteln. Wir mögen Dinge, die wir gleich haben oder machen und verspüren zunächst Ablehnung, wenn uns etwas fremd erscheint. Suchen und sprechen Sie über Themen wie Hobbys, Gesundheit, Urlaub, Wetter und sportliche Ereignisse. Vermeiden Sie es jedoch, über Glaubensrichtungen und

Politik zu reden. Diese Themen sind voller Sprengstoff und eigenen sich nicht für den Rapportaufbau (siehe auch Kapitel 3.5).

Tipp:

Bauen Sie unter Berücksichtigung Ihrer Authentizität eine starke Beziehungsbrücke auf. Dies wird Ihnen bei Grün- und Rot-Dominanten schneller und einfacher gelingen als bei Blau-Dominanten. Entscheidend ist: Je stärker diese Beziehungsbrücke ist, desto erfolgreicher bestehen Sie die nächste Phase, die Fragenphase.

Phase 3: Fragenphase

Ziel in dieser Phase ist es, den Bedarf Ihres Gesprächspartners genau zu ermitteln und eine positive Gesprächsatmosphäre zu halten. Das gelingt Ihnen am leichtesten, wenn Sie viele offene Fragen stellen und exakt hinhören, was Ihnen Ihr Gesprächspartner antwortet. Verwenden Sie in einer ersten Begegnung generell Fragestellungen mit öffnenden Fragewörtern. Hierzu eignen sich am besten Fragewörter, die mit dem Buchstaben „W" beginnen. Durch das Verwenden dieser Fragewörter kann Ihr Gegenüber nur schwer mit ja oder nein antworten. Sie erhaltenen informative Antworten, fördern die Interaktion und bringen leichter Bedarfe an die Oberfläche. Desweiteren zeigen Sie Ihrem Gesprächspartner, dass Sie ihm interessiert zuhören. Das motiviert diesen, im Gespräch mehr von sich preiszugeben. Bedarfe zu ermitteln schafft die Ausgangsplattform für die nächste Phase, die Offensivphase. Im Folgenden finden Sie einen Fragenkatalog für offene Fragen. Offene Fragen beginnen mit „W", wie die folgenden zehn Beispielformulierungen zeigen:

- ▶ Was genau suchen Sie?
- ▶ Wann benötigen Sie das Produkt?
- ▶ Wie sind die momentanen Verhältnisse?
- ▶ Wann ist der richtige Zeitpunkt?
- ▶ Was ist aus Ihrer Sicht nötig, um eine Entscheidung treffen zu können?
- ▶ Welche Vorkenntnisse haben Sie?
- ▶ Wo sehen Sie die wichtigsten Punkte?
- ▶ Wie stellen Sie sich unsere Zusammenarbeit vor?
- ▶ Was brauchen Sie, um Zufriedenheit zu erlangen?
- ▶ Wie genau soll das aussehen?

- Wer unterstützt Sie bei Ihrer Entscheidung?
- Wie kamen Sie zu uns?
- Wer hat uns weiterempfohlen?

Tipp:

Streichen Sie das Fragewort „Warum" aus Ihrem Wortschatz, denn dieses löst Rechtfertigungszwang bei Ihrem Gegenüber aus und schwächt die bereits entstandene Beziehungsbrücke.

Bedarfe zu ermitteln schafft die Ausgangsplattform für die nächste Phase, die Offensivphase.

Phase 4: Offensivphase

Die vierte Phase im Gespräch ist die Offensivphase. Argumentieren Sie in dieser Phase den Nutzen, den Ihr Produkt oder Ihre Dienstleistung zu bieten hat. Kommunizieren Sie verstärkt mit Hilfe bildhafter Sprache, um dadurch speziell die rechte Großhirn-Hemisphäre Ihres Gesprächspartners anzusprechen, denn diese verarbeitet unter anderem bildhafte, sinnhafte Informationen, Gerüche, Geräusche und Emotionen. Diese können von Ihrem Gegenüber besser gespeichert werden und bleiben vor allem länger in Erinnerung. Sie kennen bestimmt den Spruch: „Ein Bild sagt mehr als tausend Worte".

Tipp:

Die von Ihnen kommunizierten Nutzenargumente, die Ihr Produkt bietet, sollten sich ausschließlich auf den in der vorherigen Phase genannten Bedarf beziehen. So ist der Hebel für Sie am größten, und ein Zusammenkommen beider Seiten rückt näher.

Nachdem Sie die Offensivphase erfolgreich durchlaufen haben, erreichen Sie nun die vorletzte Phase im Gespräch, die Lösungsphase.

Phase 5: Lösungsphase

Ziel in dieser Phase ist es, entstandene und vorgebrachte Einwände Ihres Gegenübers bezüglich Ihrer Dienstleistung oder Ihres Produkts zu entkräften und zu lösen. Hören Sie aufmerksam hin, und lassen Sie sich von den Einwänden Ihres Gesprächspartners nicht abschrecken. Lösen

Sie diese, indem Sie Verständnis für ihn und seine neu bevorstehenden Herausforderungen haben. Verbreiten Sie Zuversicht, dass genau Sie in der Lage sind, seine Probleme und neuen Herausforderungen zu lösen. Zerstreuen Sie die letzten Zweifel Ihres Gegenübers mit Ruhe, Selbstsicherheit und Gelassenheit. Betrachten Sie Einwände als etwas völlig Normales, als willkommenen Prüfstein und als ein positives Signal, so gelingt Ihnen sicher auch die sechste und letzte Phase im Gesprächsaufbau, die Geschäftsphase. Ein erstes Ablehnen, ein sogenanntes Nein, steht oft für folgende innere Haltung: N̲OCH-E̲IN-I̲NDIZ-N̲ÖTIG.

Phase 6: Geschäftsphase

Das Ziel in dieser letzten Phase ist es, eine vertragliche Rahmenvereinbarung zu schaffen, die Ihre partnerschaftliche Zusammenarbeit schriftlich bestätigt. Sollte dies noch nicht möglich sein, gilt es, zumindest einen weiteren konkreten Verbleib zu besprechen, wie zum Beispiel einen Folgetermin zu vereinbaren, um dann bei einem zweiten Zusammenkommen die Zusammenarbeit zu beschließen.

Der Pfiffikus unter Ihnen hat es wahrscheinlich längst bemerkt. Nimmt man aus jeder Gesprächsphase den Anfangsbuchstaben (E, R, F, O, L und G), so ergibt sich das Wort „Erfolg" und genau darum geht es (vgl. Abbildung 13). Es geht um Ihren Erfolg.

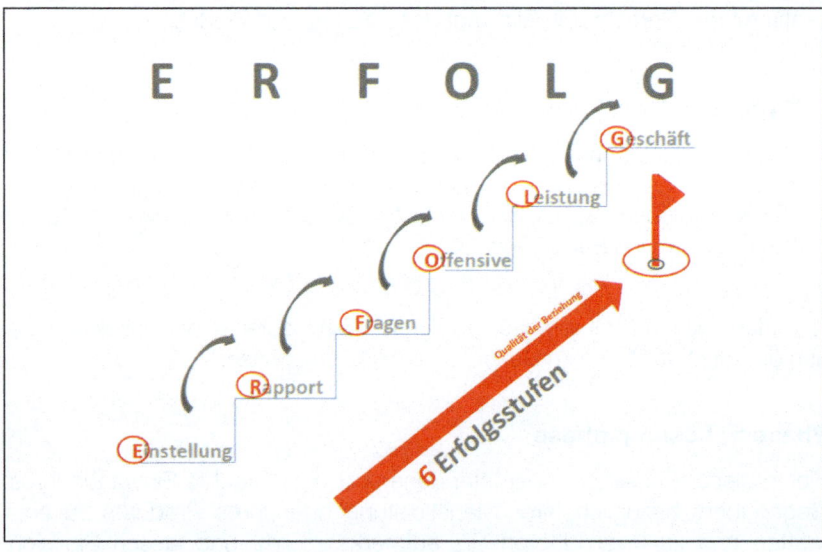

Abbildung 13: ERFOLG

Durchlaufen Sie behutsam jede Phase Ihres Gesprächs konzentriert und aufmerksam wie oben beschrieben, so werden Sie feststellen, dass Ihre Erfolgschancen spürbar steigen. Ihre Gesprächspartner werden sich wohler fühlen, da Sie Kompetenz und professionelles Vorgehen vermitteln.

3.8 Der Umgang mit schwierigen Persönlichkeiten

Immer wieder kommt es vor, dass Sie im Geschäftsleben auf für Sie schwierig zu handhabende Zeitgenossen treffen. Das sind Menschen, mit deren Werten, Gefühlswelten, Einstellungen, Eigenarten und Ansichten Sie weniger gut zurechtkommen. Hier gilt es, besonders wachsam zu sein, da Ihnen diese, nennen wir sie persönliche Anti-Typen, einiges an Energie und Selbstkontrolle abverlangen. Erstkontakte mit solchen Persönlichkeiten bedeuten eine große Herausforderung, hier brauchen Sie besonders viel Fingerspitzengefühl. Blicken wir doch einmal hinein in die Vielfalt der möglichen Anti-Typen:

Der Besserwisser:

„Besserwisser" sind von sich selbst sehr eingenommen und brauchen viel Bestätigung, da ihr Selbstwertgefühl oft nur gering ausgeprägt ist. Mit Besserwissern kommen Sie am besten zurecht, wenn Sie Lob und Anerkennung aussprechen und deren Meinung einfordern – gerade innerhalb eines Erstkontakts.

Der Verschlossene:

Der „Verschlossene" ist ein Gesprächspartner, dem Sie wenig bis gar keine Gefühlsregung entlocken können. Begegnen Sie diesem Menschen mit offenen Fragen. Offene Fragen beginnen mit „W" und lassen sich nicht mit „Ja" oder „Nein" beantworten. Beispiele: „Wie genau …", „Was genau …", „Wo haben Sie …", „Wann genau …", „Welche/womit haben Sie …". Sie motivieren so den Verschlossenen, sich zu öffnen und mit Ihnen in Interaktion zu treten.

Der Uneinsichtige:

„Uneinsichtige" sind oft sehr starre Menschen, die auch als begriffsstutzig zu bezeichnen sind. Argumentieren Sie behutsam, und überzeugen Sie durch unwiderlegbare Beweise.

Bleiben Sie entspannt und locker, bestätigen Sie ihn in seiner Meinung und zeigen Sie Flexibilität.

Der Selbstgerechte:

„Selbstgerechte" verlieren sich oft in Wutausbrüchen. Gehen Sie nicht zum Gegenangriff über, stehen Sie jedoch zu sich und Ihrer Meinung! Nehmen Sie seine Gefühlsregungen nicht persönlich. Hier gilt es, den Gesprächsinhalt von der eigenen Person zu trennen. So gewinnen Sie Neutralität und emotionalen Abstand.

Der Unehrliche:

Unehrlichkeit offenbart sich oft durch schnelles Sprechen, unangenehme vertrauliche Berührungen zu Beginn eines Gesprächs, starkes Schwitzen, Verdecken des Mundes beim Sprechen, unruhiges Sitzen sowie übertriebenes Runzeln der Stirn. Nehmen Sie sich in Acht, wenn Sie diese verräterischen Signale bei Ihrem Gesprächspartner bemerken. Wägen Sie genau ab, welche Informationen Sie preisgeben und ob eine Zusammenarbeit auf Dauer für Sie sinnvoll erscheint. Prüfen Sie durch eine geschickte Fragestellung im Gespräch und mit Hilfe einer Recherche nach einem Gespräch, ob man Ihnen ehrlich begegnet ist.

Der Wichtigtuer:

„Wichtigtuer" sind Zeitgenossen, die ständig und über alles ihrer eigene Meinung kundtun müssen. Erkennen Sie seine Sichtweise an, und sprechen Sie Ihre Wertschätzung aus – auch wenn es schwer fällt. Versuchen Sie, etwas Positives an ihm zu finden, und konzentrieren Sie sich darauf. Streicheln Sie sein Selbstwertgefühl, wie zum Beispiel: „Das haben Sie schön aufbereitet" oder „Das ist ja interessant". Der Umgang wird Ihnen so leichter von der Hand gehen.

Der Ungeduldige:

„Ungeduldige" sind Menschen, die ständig auf dem Sprung sind und sich schlecht auf eine Sache konzentrieren können. Bleiben Sie entspannt und lassen Sie sich nicht aus der Ruhe bringen. Geben Sie von Beginn an vor, wie viel Zeit Sie für Ihre Sache benötigen, das ist für Ungeduldige sehr wichtig. So stecken Sie einen Rahmen, mit dem der Ungeduldige besser zurechtkommt. Präsentieren Sie schnell und ohne Umwege hohen Nutzen für ihn, so gewinnen und behalten Sie sicher seine Aufmerksamkeit.

Der Vielredner:

„Vielredner" sind Gesprächspartner, die ohne Punkt und Komma reden müssen, und sie bedeuten wohl für die meisten unter Ihnen eine echte Herausforderung. Sie sind so mit sich selbst beschäftigt, dass sie keine Ahnung haben, wie sie auf andere wirken. Mit einem „Vielredner" gehen Sie am besten um, indem Sie ihn nach langem Zuhören unterbrechen und ihn mit seinem Namen ansprechen. So können Sie sein Gehör gewinnen. Vielredner hören gern ihren eigenen Namen.

Der Lügenbold:

„Lügenbolde" sind Personen, mit denen wohl keiner von Ihnen näher zu tun haben will. Sie benutzen in ihrer Kommunikation oft Sätze wie: „Ich würde Sie doch niemals anlügen" oder „Um Ihnen die volle Wahrheit zu sagen" oder „Um jetzt wirklich mal ganz ehrlich zu sein". Sie sollten sich, wenn Sie es mit so jemanden zu tun haben, innerlich fragen, warum er das Thema Ehrlichkeit ständig betont. Lügt er eventuell doch? Seien Sie auf der Hut! Solche Personen lügen tatsächlich sehr oft und sind mit äußerster Vorsicht zu genießen. Halten Sie sich mit Emotionen stark zurück und bleiben Sie skeptisch.

Der Nörgler:

Der „Nörgler" braucht einen guten Zuhörer. Geben Sie ihm das Gefühl, ihn zu verstehen. Bestätigen Sie kurz seine wichtigsten Aussagen und gehen Sie nicht auf all seine Details ein. Bei einem Nörgler besteht die Gefahr, dass er morgen über Sie schlecht reden wird. Überlegen Sie deshalb genau, was Sie ihm sagen und mitteilen wollen.

Der Zeitdieb:

„Zeitdiebe" befinden sich geistig oft in ihrer eigenen Welt und haben kein Gefühl für die Zeit anderer. Lenken Sie hier das Bewusstsein auf das Wesentliche und versuchen Sie, zwischendurch das Gespräch freundlich zu unterbrechen mit der Bitte um Verständnis für Ihre Situation.

Der Unterbrecher:

„Unterbrecher" sind oft zeitgetriebene Personen, die von den meisten unter Ihnen sicherlich als unhöflich und unverschämt wahrgenommen werden, da sie nie warten können, bis ein Satz zu Ende gesprochen ist. Bitten Sie den „Unterbrecher" deshalb um die Möglichkeit, ausreden zu dürfen, damit er auch alle wichtigen Informationen erhalten kann. Machen Sie ihm klar, dass nur so eine objektive Beurteilung seinerseits möglich ist.

Der Unhöfliche:

„Unhöfliche" haben nie gelernt, die Bedürfnisse anderer zu respektieren und zu wahren. Meine Empfehlung im Umgang mit solchen Personen ist: Trennen Sie die inhaltliche Unhöflichkeit von Ihrer Person. So gelingt es Ihnen, Abstand zu erzielen und die Interaktion etwas nüchterner zu betrachten. Nehmen Sie das Verhalten unhöflicher Gesprächspartner keinesfalls persönlich!

Der Scherzkeks:

„Scherzkekse" sind Menschen, die gerne Witze machen und ihr Gegenüber necken. Nicht selten sind die Witze unangebracht und lösen bei Ihnen innerlich unerwünschte Reaktionen aus. Bleiben Sie gefasst und zielorientiert. Lachen Sie hier und da einmal kräftig mit. So vermitteln Sie Wertschätzung und Anerkennung seiner Person, was Ihnen die Gelegenheit bietet, das Gespräch wieder in die von Ihnen vorgesehene Richtung zurückzulenken.

Der Prahlhans:

Der „Prahlhans" macht gerne und fortlaufend abwertende Bemerkungen über andere, wodurch er sich das Gefühl der objektiven Überlegenheit verschafft. Auf Grund seiner tief sitzenden, zweifelsohne vorhandenen Unsicherheit würdigt er andere Menschen herab, um sich stark zu fühlen. Der Umgang mit solchen Zeitgenossen gestaltet sich oft schwierig, da Sie selbst kaum zu Wort kommen und sich innerlich negative Gefühle aufbauen. In einem Erstkontakt mit einem Prahlhans empfehle ich Ihnen, seinen Äußerungen keinen großen Wert beizumessen, locker zu bleiben und sich auf Ihre eigenen Stärken zu besinnen. Gehen Sie auf keinen Fall auf seine abwertenden Meinungen über andere ein und versuchen Sie, das Gespräch auf das Fachliche zu beschränken.

Der Unverschämte:

„Unverschämte" sind schlecht erzogene Zeitgenossen, tun Ihnen nicht gut und blockieren Sie noch lange nach dem Gespräch bei weiteren Erstkontakten. Sollten Sie einmal mit einem unverschämten Zeitgenossen in Berührung kommen, ist meine Empfehlung, das Gespräch sofort zu beenden und hier keine weitere Zeit zu vergeuden.

Beim Zusammentreffen mit all den für Sie schwierigen Zeitgenossen empfehle ich stets ein innerliches, fünf Sekunden langes tiefes Ein- und Ausatmen. So fahren Sie emotional herunter und können vorurteilsfreier einen Erstkontakt gestalten. Versuchen Sie, in die Welt Ihres Anti-Typen einzutauchen. Gehen Sie kurz in sich und nehmen Sie sich etwas Zeit, auch wenn es Ihnen schwer fällt.

Tipp:

Finden Sie etwas Positives an Ihrem Anti-Typen im Erstkontakt. Schenken Sie ihm Aufmerksamkeit und Wertschätzung. Treten Sie heraus aus Ihrer Komfortzone und betrachten Sie solch schwierige Begegnungen stets als eine spannende Herausforderung, die es erfolgreich zu meistern gilt.

Abschließend noch eine wichtige Anmerkung: Verlieren Sie nie Ihr Gesprächsziel außer Augen, das hilft Ihnen, kritische Momente zu überstehen!

3.9 Die 14 Todsünden im Erstkontakt

Ein weiterer wichtiger Baustein für Ihren Erfolg ist es, die 14 Todsünden im Zusammenhang mit einer ersten Begegnung zu kennen und diese um jeden Preis zu vermeiden. Begehen Sie versehentlich auch nur eine dieser 14 Todsünden, verlieren Sie mit sehr großer Wahrscheinlichkeit Ihren Gesprächspartner schon im Erstkontakt.

Erstgespräche, die aus Ihrer Sicht gut gelaufen sind, müssen von Ihrem Gegenüber noch längst nicht positiv empfunden werden. Oft werden nach einem ersten Gespräch Folgetermine vereinbart, die dann kurzfristig mit Scheinbegründungen wieder abgesagt werden. Jeder Verkäufer oder Dienstleister weiß genau, was ich hier meine. Der Grund hierfür kann sein, dass eine Kleinigkeit eine nachträgliche Ablehnung bei Ihrem Gesprächspartner ausgelöst hat. Bitte unterschätzen Sie die Bedeutung der folgenden Auflistungen nicht, da sich jede einzelne negativ auswirken kann.

Todsünde 1: Unterwürfigkeit

Unterwürfigkeit wird von Ihrem Gegenüber als abstoßend empfunden. Durch eine gebückte/geneigte, fast demütige Geistes- und Körperhaltung vermitteln Sie unbewusst, dass Sie bereit sind, sich ihm unterzuordnen. Das Gespräch erreicht dadurch einen Bittsteller-Charakter. Dies wirkt anbiedernd, und Ihr Gesprächspartner verliert so mit Sicherheit schnell das Interesse. Achten Sie daher darauf, dass Sie mit Selbstsicherheit in ein Erstkontaktgespräch gehen. Zeigen Sie, was und wer Sie oder Ihr Unternehmen sind. Seien Sie selbstbewusst, Sie sind wer und haben was anzubieten! Vermeiden Sie äußerliche Anzeichen wie beispielsweise hektisches und/oder zu leises Sprechen, zu Boden gesenkten Blick, zu häufiges Blinzeln und Achselzucken, seitlicher Knieknicks, Satzformulierungen wie zum Beispiel „Wäre es möglich, dass …?", oder „Dürfte ich vielleicht …?" Ihre innere Haltung bestimmt Ihre Ausstrahlung. Zweifeln Sie an sich selbst, dann überträgt sich das auch auf Ihren Gesprächspartner!

Todsünde 2: Superlative

Hüten Sie sich vor Übertreibungen und Superlativen! „Das Beste", „das Schönste" und „das Genialste" möchte zwar jeder haben, doch das klingt unglaubwürdig! Wer entscheidet darüber, ob das Produkt, die Ware oder Dienstleistung, die Sie anbieten, das Beste ist? Welche Vergleiche gibt es? Solche Formulierungen verwirren nur den potenziellen Neukunden oder Gesprächspartner. Sie wirken seriöser, wenn Sie diese Übertreibungen im Gespräch vermeiden. Als Alternative gibt es „sehr hochwertig", „auf dem aktuellsten Stand" oder auch „innovativ", „kürzlich mit dem XY-Preis ausgezeichnet", um hier nur einige zu nennen.

Todsünde 3: Passivformulierungen und Konditionalsätze

Diese unpersönliche Form der Kommunikation kennen Sie bestimmt durch Formulierungen wie „man" oder „würde", „könnte", „sollte", „müsste", „möglicherweise", „denkbar wäre". Durch die Verwendung dieser „Wörter" schaffen Sie ungewollt im Gespräch Distanz, da Sie Ihren Gesprächspartner entweder nicht direkt ansprechen oder wenig Klarheit vermitteln. „Man" in der persönlichen Ansprache ist häufig ein Zeichen von Unsicherheit und vermittelt das Gefühl, sich vor sich selbst zu verstecken.

Verwenden Sie daher Formulierungen in der „Sie-Form", wie zum Beispiel: „Sie erhalten …", „Sie sehen hier …", „Sie profitieren …", „Sie sind unser …", „Sie werden damit viel …". Dadurch vermitteln Sie ganz gezielt, dass es Ihnen um das Wohl und den Nutzen Ihres Gesprächspartners geht.

Todsünde 4: Übertriebene Behauptungen

Haben Sie es nötig, Ihr Produkt, sich selbst oder Ihr Unternehmen übertrieben oder anders darzustellen? „Lügen haben kurze Beine", so ein altes Sprichwort. Ihr Erfolg wird nur von kurzer Dauer sein, wenn der andere Ihnen „auf die Schliche" gekommen ist. Konzentrieren Sie sich stattdessen auf die Qualität und die Vorzüge Ihres Produkts und punkten Sie mit Ihrem Alleinstellungsmerkmal.

Todsünde 5: Verwenden von Fachwörtern

In einer immer unübersichtlicher und komplizierter werdenden Welt ist es von großer Wichtigkeit, dass Sie sich in einem Gespräch klar und deutlich ausdrücken. Erklären Sie zum Beispiel schwigrige Vorgänge in der Produktion nicht mit Fachwörtern, sondern so, dass der jeweils Angesprochene ohne Vorkenntnisse alles gut verstehen kann. Dies zeugt von hoher Kompetenz und schafft Vertrauen. Vermeiden Sie aus demselben Grund auch die Verwendung von Ihnen geläufigen Abkürzungen, die insbesondere von blau-dominanten Gesprächspartnern häufig als oberflächlich und unangenehm empfunden werden. „Keep it short and simple" (KISS-Prinzip).

Todsünde 6: Auf die Uhr blicken

Wenn Sie im Erstgespräch auch nur einmal auf die Uhr blicken, wirkt das auf Ihren Gesprächspartner wenig wertschätzend und wenig respektvoll. Beobachten Sie sich und suchen Sie nach der Ursache dieser Geste:

Haben Sie tatsächlich zu wenig Zeit für das Gespräch eingeplant und stehen unter Zeitdruck? Dann sollten Sie Ihre Organisation/Planung überprüfen.

Sind Sie nervös, verlegen oder wollen Sie dem Blick des Anderen ausweichen, ertragen Sie keinen direkten Blickkontakt? Dann versuchen Sie, mit gezielten Übungen in Einzel-Coachings selbstsicherer zu werden!

Ist es eine Übersprunghandlung? Verhalten Sie sich oft so in Situationen, mit denen Sie nicht rechnen? Dann beobachten Sie sich, was hierfür der Auslöser ist. Auch hier hilft Ihnen ein Einzel-Coaching.

Todsünde 7: Zu viel reden

Ein sehr häufiger Fehler ist, dass wir, besonders wenn wir uns sicher fühlen, gerne unseren Gesprächspartner mit Worten geradezu überschütten. Reden Sie Ihren Gesprächspartner niemals tot!

Achten Sie unbedingt darauf, dass Sie niemals mehr sprechen als Ihr Gesprächspartner. Im Idealfall sollten Sie höchstens ein Drittel des Gesprochenen für sich selbst beanspruchen. Halten Sie Ihre Ausführungen kurz und knapp, speziell im Umgang mit Rot-Dominanten. Konzentrieren Sie sich auf das Wesentliche, sonst fühlt sich Ihr Gesprächsteilnehmer überrumpelt oder es geht sogar sein Interesse an einer Weiterführung des Gespräches verloren.

Ein Fehler ist es auch, sich zu sehr mit der eigenen Gesprächsstrategie zu beschäftigen. Dadurch nehmen Sie in der Auftaktphase Ihr Gegenüber und auch seine Stimmung kaum wahr. Wertvolle Informationen, die ein wirkliches, persönlichkeitsorientiertes Gespräch möglich machen, gehen so verloren. Sagen Sie nie etwas, was Sie nicht auch fragen können!

Todsünde 8: Die eigene Meinung durchsetzen

Eigene Meinung bekunden, ja! Eine eigene Meinung durchsetzen, nein! In einer beginnenden Beziehung seine eigene Meinung strikt durchsetzen zu wollen, lässt Sie sofort starrköpfig, unflexibel, rechthaberisch und überheblich wirken! Mit so jemandem will niemand etwas zu tun haben. Vertreten Sie diplomatisch Ihren Standpunkt und hören Sie sich die Anliegen Ihres Gesprächspartners genau an. Beziehen Sie ihn und seine Bedürfnisse ein und verbinden Sie das, was Sie beide an Wissen und Fähigkeiten mitbringen. Das Ergebnis ist eine gleichberechtigte Partnerschaft, die auf gegenseitigem Vertrauen basiert.

Todsünde 9: Unflexibilität in der Vorgehensweise

Viele Kundenberater haben in einem Erstkontakt oft nur eine Gesprächsstrategie. Dabei tickt, wie Sie mittlerweile gelernt und verinnerlicht haben, jeder Mensch anders. So legt der eine zum Beispiel Wert auf viele Detailinformationen (Blau-Dominanz) und will genau wissen, wie das Produkt funktioniert. Einem anderen reicht das Wichtigste kurz und knapp (Rot-Dominanz), dieser will primär wissen, welche Vorteile er vom Kauf hat. Berät beispielsweise ein Verkäufer den blau-dominanten Kunden zu kurz oder den Rot-Dominanten zu ausführlich, sind Probleme und innerliche Ablehnungen vorprogrammiert. Dabei lässt sich dieses Problem durch eine so einfache Frage vermeiden wie: „Wie oder was genau möchten Sie über uns oder unser Angebot wissen?"

Todsünde 10: Die Hände reiben

Diese Geste drückt im besten Fall Zufriedenheit aus. Allerdings ist sie auch negativ behaftet. Jeder von Ihnen hat sicher schon einmal in einem Gangster-

Film erlebt, wie der Täter sich vor Schadenfreude über einen gelungen Coup die Hände reibt. So kommt bei Ihrem Gegenüber auch hier die Frage auf: „Ist diese Person ehrlich zu mir?" oder „Bin ich jetzt etwa übers Ohr gehauen worden?" Damit Sie seriös wirken, ist es wichtig, sich mit der Freude über einen gelungenen oder in Aussicht stehenden Geschäftsabschluss zurückzuhalten, sonst leidet Ihre Glaubwürdigkeit darunter.

Todsünde 11: Viel Druck ausüben

Vermeiden Sie es in jeder Hinsicht, Entscheidungsdruck bei Ihrem Gesprächspartner auszuüben. Beherzigen Sie, dass Druck oft Gegendruck erzeugt! Das Ziel ist es, stets ein Sog-Gefühl statt eines Druck-Gefühls aufzubauen. So werden Sie als angenehmer Gesprächspartner wahrgenommen und sind dadurch für Ihr Gegenüber weniger leicht austauschbar.

Todsünde 12: Schlecht über die Konkurrenz reden

Reden Sie niemals schlecht über den Wettbewerb oder gar über andere Kunden. Dadurch wirken Sie nicht größer, sondern höchstens verzweifelt. Wenn Sie über ein Konkurrenz-Unternehmen schlecht reden, dann mag das Ihren Gesprächspartner in diesem Moment noch amüsieren (Klatsch ist ja gesund und macht Spaß). Doch sobald Sie zur Tür raus sind, werden Ihre Aussagen sicherlich überprüft, und ein Hauch von Misstrauen macht sich breit. Außerdem wird sich Ihr Gegenüber verständlicherweise die Frage stellen, wie Sie sich in seiner Abwesenheit wohl über ihn äußern. Wenn Sie Vertrauen gewinnen wollen, dann sprechen Sie niemals schlecht über die Konkurrenz. Und: Fängt Ihr Gegenüber einmal mit dem Lästern an, könnte es auch ein Test sein. Sagen Sie lieber direkt, dass Sie sich in dieser Weise nicht über den Wettbewerber äußern möchten oder Sie das Thema aus der Distanz nicht beurteilen können und wollen. Das macht Ihren Gesprächspartner in dem Moment sicher kurz stutzig, vielleicht ist er sogar peinlich berührt, weil Sie seine Lästerei abgeblockt haben. Langfristig jedoch zahlt sich das sicher aus.

Todsünde 13: Ans Mobiltelefon gehen

Kennen Sie das? Sie sitzen in einem wichtigen Erstkontakt-Termin und dann passiert es. Ein Mobiltelefon klingelt laut, sehr laut. Nicht dass das nicht schon schlimm genug wäre. Stellen Sie sich vor, es gibt tatsächlich Kundenberater, die dann auch noch rangehen und freundlich „Hallo" sagen. Im heutigen Zeitalter von Mobiltelefon, Laptop und iPad passiert das leider immer wieder, darf es jedoch nicht! Denn die eben geschilderte Situation gilt als absolut inakzeptabel und peinlich. Sie geben Ihren Gesprächspartnern auf diese Weise das Gefühl, nicht wichtig genommen zu werden, mit der Konsequenz, dass diese sich innerlich abwenden.

Todsünde 14: Belehrungen jeglicher Art

Das Aussprechen von Belehrungen gerade im Erstkontakt ist wohl das Schlimmste, was man in einer frühen Kundenbeziehung machen kann. Zum Beispiel: „Das dürfen Sie nicht ...", „Was machen Sie da?" oder „Warum kommen Sie jetzt erst?" Solche Sätze stoßen sofort auf innere Ablehnung und führen sicher zu einem Misslingen des Erstkontakts. Achten Sie peinlichst darauf, dass Ihnen niemals eine Belehrung über die Lippen kommt!

Das waren die 14 Todsünden in einem Erstkontakt. Sicher sind Ihnen die meisten bereits bekannt, und Sie vermeiden diese auch jetzt schon erfolgreich. Doch bitte machen Sie sich immer wieder bewusst, dass sich gerade im Alltag und unter Stress kleine Fehler in der Interaktion mit Gesprächspartnern einschleichen. Hier gilt es, sich stets mit all seinen Emotionen gut im Griff zu haben. Denn gerade für das Erstkontakten gilt: Wer unbewusst auch nur in eines der oben aufgeführten Fettnäpfchen tritt, hat womöglich die einzige Chance verpasst, sein Gegenüber für sich zu gewinnen. Wie bereits mehrfach betont, gilt: Es gibt keine zweite Chance, für den ersten Eindruck!

3.10 Die professionelle Verabschiedung – Die letzten 20 Sekunden

Wie wichtig der erste Eindruck ist, wissen Sie bereits. Leider wird jedoch oft vergessen, dass auch der letzte Eindruck ein sehr entscheidender ist.

> **Tipp:**
> Die letzten 20 Sekunden sind genauso entscheidend wie die ersten!

Jeder von Ihnen kennt bestimmt folgende Situation: Sie hatten ein intensives Gespräch, die Chemie stimmte, alles lief gut. Es wurde ein Folgetermin vereinbart. Sie sind voller Optimismus, und doch kommt es einen Tag vorher zu einer Absage des vereinbarten Termins und der weiteren Zusammenarbeit. Sie verstehen die Welt nicht mehr: War doch aus Ihrer Sicht alles richtig gelaufen. Sie hatten einen perfekten Erstkontakt hingelegt, und dennoch stellen Sie nun fest, dass Sie Ihren Gesprächspartner nicht gewinnen konnten. Ein Grund dafür könnte sein, dass genau in der Verabschiedungsphase des Gesprächs versehentlich kleine Fehler gemacht wurden, die den Gesprächspartner veranlasst haben, sich auf keinen weiteren Kontakt mehr einzulassen. Lassen Sie uns deshalb in die mögliche Gedankenwelt Ihrer Gesprächspartner eintauchen.

Die drei verhaltenssteuernden Gehirne haben großen Einfluss auf das gewünschte Verabschiedungsverhalten und die damit im Zusammenhang stehenden Erwartungshaltung in den letzten 20 Sekunden. Gerade in der Verabschiedungsphase gilt es, noch einmal Akzente zu setzen. Lesen Sie hierzu, wie ein dominanzausgerichtetes Vorgehen in der Verabschiedungsphase aussieht.

Wenn Sie die folgenden Empfehlungen befolgen und einen Erstkontakt durch eine individuelle, biostruktur-abhängige Verabschiedung verstärken, dürfte Ihrem Erfolg nichts mehr im Weg stehen.

Checkliste für die Verabschiedung von einem grün-dominanten Gesprächspartner:

- Bedanken Sie sich für die offenen Worte und das schöne Gespräch.
- Achten Sie besonders auf eine zugewandte Körpersprache.
- Blicken Sie Ihrem Gesprächspartner noch einmal freundlich in die Augen.
- Vermeiden Sie zu schnelle Bewegungen.
- Betonen Sie Sicherheit und Zuverlässigkeit in Ihren letzten Worten.
- Vermitteln Sie noch einmal Vertrauen durch Lächeln und Nähe.
- Beschließen Sie, wann Sie sich telefonisch melden werden.
- Zeigen Sie, dass Sie gut erzogen sind, helfen Sie beispielsweise Ihrem Gesprächspartner in die Jacke.
- Begleiten Sie Ihren Gesprächspartner unbedingt bis zum Ausgang der Begegnungsstätte.
- Sagen Sie Ihrem Gesprächspartner, dass es Sie gefreut hat, ihn kennengelernt zu haben.
- Vergessen Sie nicht, Ihren Gesprächspartner mit Namen zu verabschieden.
- Vermitteln Sie Freude auf ein baldiges Wiedersehen.

Checkliste für die Verabschiedung von einem rot-dominanten Gesprächspartner:

- ▶ Verabschieden Sie sich zügig, freundlich und ohne viel Geplänkel.
- ▶ Bedanken Sie sich für die investierte Zeit.
- ▶ Blicken Sie Ihrem Gesprächspartner klar in die Augen.
- ▶ Geben Sie einen festen Händedruck.
- ▶ Garantieren Sie ein zügiges Einleiten der vereinbarten Schritte.
- ▶ Vermitteln Sie eine in Aussicht stehende Vorzugskondition bei einer Angebotsabgabe.
- ▶ Stellen Sie einen spannenden Folgetermin in Aussicht und schlagen Sie gleich zwei Termine vor.
- ▶ Kommunizieren Sie, dass Sie wissen, dass Zeit etwas Kostbares ist.
- ▶ Vermeiden Sie inhaltliche Wiederholungen zum Abschied.
- ▶ Vergessen Sie nicht, Ihren Gesprächspartner mit Namen zu verabschieden.
- ▶ Vermitteln Sie Freude auf ein baldiges Wiedersehen.

Checkliste für die Verabschiedung von einem blau-dominanten Gesprächspartner:

- ▶ Räumen Sie inhaltlich letzte Zweifel zum Thema und Ihrer Person aus.
- ▶ Bedanken Sie sich für das konzentrierte Zuhören.
- ▶ Garantieren Sie das Einhalten zeitlicher Abläufe.
- ▶ Betonen Sie noch einmal Perfektion und Zuverlässigkeit in der Bearbeitung weiterer Schritte.
- ▶ Kommunizieren Sie, dass für Sie Verbindlichkeit ein hoher Wert ist.
- ▶ Sagen Sie ihm, wie die nächsten Schritte Ihrerseits geplant sind.
- ▶ Bieten Sie ihm an, dass Sie sich in den nächsten Tagen telefonisch zur Vereinbarung eines Nachfolgetermins melden werden.
- ▶ Vermitteln Sie, das Sie jederzeit für weitere Fragen zur Verfügung stehen.

> - Halten Sie die körperliche Distanz auch am Ende eines interessanten Gesprächs.
> - Seien Sie akkurat und gut organisiert bis zum Schluss.
> - Vergessen Sie nicht, Ihren Gesprächspartner mit Namen zu verabschieden.
> - Vermitteln Sie Freude auf ein baldiges Wiedersehen.

Vorgehensweise für die Verabschiedung von Gesprächspartnern ohne eindeutig erkennbare Dominanz:

Seien Sie bei einer nicht erkennbaren Dominanz Ihres Gesprächspartners besonders hoch konzentriert und beachten Sie alle gerade eben aufgeführten Empfehlungen, da Sie ja nie wissen, welcher Teil des Gehirnes Ihres Gesprächspartners in der Verabschiedungsphase am aktivsten ist. So haben Sie die bestmögliche Chance, bis zum Gesprächsende in positiver Erinnerung zu bleiben.

Professionelles Verabschieden bedeutet, dass Sie auch in den letzten 20 Sekunden der Begegnung genauestens auf die unterschiedlichen Bedürfnisse der drei Biostrukturen eingehen.

3.11 Vorsicht mit Werbegeschenken!

Werbegeschenke im Erstkontakt, das ist ein heißes Eisen. Hier ist äußerste Vorsicht geboten, denn die unterschiedlichen Biostrukturen haben eine differenzierte Grundeinstellung.

> **Tipp:**
>
> Grundsätzlich gilt folgende Regel: Wenn Sie Werbegeschenke vergeben möchten, überlegen Sie genau, wem Sie was und wann in einem Erstkontakt übergeben.

Möchten Sie allzu gern dem neu kontaktierten Kunden oder Gast eine Freude bereiten, gekoppelt mit einem dauerhaften Erinnerungsmerkmal, dann halten Sie auf Ihrem eigenen Schreibtisch, im eigenen Büro Umschau, welche Werbegeschenke für Sie nützlich waren. Welche sind also noch im Gebrauch?

Welche sind zwar in Gebrauch, aber haben nichts Typisches an sich? Am Beispiel von Kugelschreiber gezeigt: Ob sie von der Hausbank, der Apotheke, von einer Partei oder der Firma XYZ stammen, sie sind, sofern sie nicht tatsächlich ein hochwertiges oder originelles Design aufweisen, werbeunwirksam. Wenn sie noch dazu allzu bald versagen, klemmen oder auseinander fallen, dann heftet sich der Ärger an den Absender. Manche Werbegeschenke stehen oder liegen nur herum, werden gleich den Kindern zum Spielen gegeben oder in die Wertstofftonne geworfen.

Werbegeschenke sollten einen Nutzwert haben, auf den ersten und wiederholten Blick unternehmenstypisch sein, aber keinesfalls von einem so hohen Wert, dass sie verpflichtend wirken. Außerdem ist die Vergabe eines nutzenbringenden Werbegeschenks eine schöne Geste, unverbindlich zu zeigen: „Sie sind mir wichtig, ich schätze Sie als Mensch!" Ein Hotel bringt sich dauerhaft und gleich beim Erstkontakt in Erinnerung, wenn es dem neuen Gast einen Stadtplan überreicht, in dem der Standort des Hotels hervorgehoben ist. Schöne Wandkalender sind, wenn sie einen Bezug zur Firma haben und sinnvollerweise bis spätestens Anfang November für das kommende Jahr verschenkt werden, durchaus ein gute Möglichkeit.

Neu und clever sind USB-Sticks mit mehreren Gigabyte Speicherkapazität, im optisch originellen Design, auf dem bereits Informationen der Geber-Firma eingespeichert sind, die aber noch genügend freie Kapazität für weitere Nutzungen enthalten. Der Nutzwert ist hoch, der Erinnerungswert beträchtlich und die Menge der Informationen über die Geber-Firma ist gegenüber anderen Werbeträgern praktisch unbegrenzt. Pfiffig ist es, wenn auf dem Stick darüber hinaus noch eine humorvolle Datei enthalten ist – beispielsweise ein Kurzfilm, eine lustige oder nachdenkenswerte Bildschirm-Präsentation. Aber Achtung: Keine Verletzung der Gefühle anderer! Und beachten Sie unbedingt mögliche Urheberrechte!

Kommen wir nun im Einzelnen zu den verschiedenen Biostruktur-Dominanzen, deren Umgangswünsche und Erwartungshaltungen Sie hinsichtlich der Vergabe von Werbegeschenken kennen sollten:

Geschenke für grün-dominante Gesprächspartner:

Menschen mit Grün-Dominanz fühlen sich sehr wohl im Geben und Nehmen, sofern sie sich von dem Geschenk nicht gedrängt fühlen. Eine Kleinigkeit als Geschenk erweist sich oft als ausreichend. Dieses wird *nach* dem Erstkontakt-Gespräch übergeben, sofern sich der Kontakt als erfolgreich erwiesen hat oder der Erfolg noch offen ist. Bei der Übergabe sind Höflichkeit und Fingerspitzengefühl gefordert.

Beispielformulierung zur Übergabe eines Werbegeschenkes an Gesprächspartner mit Grün-Dominanz: „Darf ich Ihnen zur Erinnerung an unseren ersten Kontakt diesen ... (Artikel bezeichnen) überreichen, auch als Dank für die Offenheit, die Sie mir entgegengebracht haben? Das würde mir eine große Freude bereiten."

Geschenke für rot-dominante Gesprächspartner:

Menschen mit Rot-Dominanz sind oft aufgeschlossen für Geschenke, die mit einer Einzigartigkeit verbunden sind. Erwarten Sie jedoch nicht allzu viel persönliche Anerkennung oder Einflussnahme auf die positive Entscheidung in Bezug auf Ihre Person. Werbegeschenke für rot-dominante Gesprächspartner sollten besonders originell und einzigartig sein, um eine hohe Wirkung zu erzielen. Denn alles Gewöhnliche findet wenig Zustimmung.

Beispielformulierung zur Übergabe eines Werbegeschenks an Gesprächspartner mit Rot-Dominanz: „Hier habe ich etwas Originelles für Sie dabei, als Anerkennung für Ihre investierte Zeit."

Geschenke für blau-dominante Gesprächspartner:

Eine besondere Herausforderung stellt sich Ihnen bei Gesprächspartnern mit Blau-Dominanz, die Wert auf Abstand und äußerste Korrektheit legen. Wenn überhaupt, dann sollte ein Werbegeschenk unbedingt funktional sein, also einen Informations- und Nutzwert aufweisen. Es darf jedoch nic aufdringlich wirken. Achten Sie darauf, dass mit der Übergabe keine unterschwelligen Botschaften ausgesendet werden, wie beispielsweise: „Sowas würdest Du Dir selbst sonst gar nicht leisten!" Das Klima und auch die Umgebung des Gespräches entscheiden, ob ein Präsent angebracht ist oder nicht.

Beispielformulierung zur Übergabe eines Werbegeschenks an Gesprächspartner mit Blau-Dominanz: „Die wesentlichen Informationen über unser Leistungsspektrum finden Sie auf diesem kleinen Stick. Er nimmt keinen Platz weg und bietet Ihnen noch ausreichend Speicherkapazität."

Geschenke für Gesprächspartner ohne eindeutig erkennbare Dominanz:

Sollte es Ihnen im Erstkontakt nicht gelingen, eindeutige Signale der Biostruktur Ihres Gesprächspartners zu erkennen, empfehle ich, mit der Übergabe eines Werbegeschenkes bis zum Zweittermin zu warten, um so mehr

Klarheit bezüglich seiner Biostruktur zu gewinnen und nicht unbewusst in das ein oder andere Fettnäpfchen zu treten.

Wie Sie sehen, haben Sie es auch hier mit völlig verschiedenen Vorgehensweisen zu tun. Auch in dieser sehr wichtigen und oft unterschätzten Gesprächsphase gilt es, präzise und auf die Biostruktur abgestimmt vorzugehen. Ein zu unvorsichtiges oder falsches Agieren kann dazu beitragen, den sicher geglaubten und gewonnenen Erstkontakt zu zerstören.

4 Nach dem Erstkontakt

4.1 Grundsätzliche Empfehlungen zur Nachbereitung

Erstkontakte in den Bereichen Kundenservice und Verkauf bedürfen einer schnellen, exakten, analytischen und sofortigen Nachbereitung. Die Eindrücke, die Sie vom eben geführten Gespräch und speziell von Ihrem Gesprächspartner gewonnen haben, gilt es zeitnah aufzuarbeiten, da hier Ihre Eindrücke noch frisch sind. Machen Sie sich diese zunutze! Die folgenden Punkte helfen Ihnen, an das Wichtigste zu denken.

Checkliste Gesprächsnachbereitung:

- ▶ Notieren Sie Ansprechpartner, Datum, Ort und Uhrzeit des Gesprächs.
- ▶ Wurde ein Folgetermin vereinbart, notieren Sie diesen in Ihren Terminkalender.
- ▶ Wie war Ihr persönlicher Eindruck unmittelbar nach dem Gespräch?
- ▶ Beschreiben Sie die wahrgenommenen Signale über die Biostruktur Ihres Gesprächspartners (grün-, rot- oder blau-dominante Verhaltensweisen).
- ▶ Welche Hobbys, Interessen und Gemeinsamkeiten konnten Sie feststellen?
- ▶ Reflektieren Sie, ob Sie das Gesprächsziel erreicht haben.
- ▶ Was war gut an dem Gespräch, was lief nicht so gut?
- ▶ Haben Sie Fehler gemacht, wenn ja, welche?
- ▶ Was werden Sie bei Ihrem nächsten Besuch verbessern?
- ▶ Waren Sie gut vorbereitet oder fehlten hier und da einige Details zum Thema?
- ▶ Worauf werden Sie im nächsten Gespräch den Hauptfokus lenken?
- ▶ Welche Reizpunkte haben Sie bei Ihrem Gegenüber bemerkt?

- ▶ Mit welchem Aufhänger gehen Sie in den Folgetermin (angesprochener Urlaub, geplante Events o. ä.)?
- ▶ Wie gut war Ihr Zeitmanagement?
- ▶ Decken sich Ihre angebotenen Leistungen mit dem Bedarf Ihres Gesprächspartners?
- ▶ Konnten Sie Ihrem Gesprächspartner seinen individuellen Nutzen bezüglich einer Zusammenarbeit mit Ihnen vermitteln?
- ▶ Notieren Sie sich alle sonstigen wichtigen Erkenntnisse.

Die oben aufgeführten Maßnahmen benötigen üblicherweise wenige Minuten Ihrer Zeit und bieten Ihnen gleichzeitig einen mächtigen Handlungsspielraum, um bei Folgeterminen mit Ihren Gesprächspartnern besser zu punkten und professioneller zu wirken. Sie werden so als verlässlicher und einfühlsamer Geschäftspartner wahrgenommen, was bei Ihrem Gegenüber sicher dazu beitragen wird, die Zusammenarbeit mit Ihnen ernsthaft in Erwägung zu ziehen.

Durch die Gehirnforschung wurde bestätigt, dass der Behaltenseffekt (Erinnerungsvermögen des neu Erlernten, Gehörten oder Erlebten) im Gehirn maximal 72 Stunden nach einem Ereignis – gleich welcher Art – andauert. Nach Verstreichen dieser Zeit beginnen Sie das neu Erfasste langsam und stetig zu vergessen, sofern Sie es sich nicht immer wieder bewusst in Erinnerung rufen. Sollten Sie einmal nach einem Gespräch merken, dass Ihnen doch noch einige Informationen zu den besprochenen Inhalten fehlen, zögern Sie nicht, sich noch einmal per Telefon oder E-Mail freundlich bei Ihrem Gesprächspartner zu melden, um die letzten Punkte zu erfragen. So vermitteln Sie einerseits Menschlichkeit und können gleichzeitig die Gefühlslage Ihres Gegenübers abklopfen. Viele Profis vergessen oft bewusst noch einmal etwas, um sich kurz darauf noch einmal melden zu können. Ich persönlich nenne diese Vorgehensweise die Columbo-Strategie. Sie wissen ja, das ist dieser offensichtlich „schusselige" Kommissar, der immer noch eine Frage hat.

Tipp:

Erledige alles sofort! Die sofortige Erledigung aller anfallender Aufgaben ist die Grundlage für stressarmes und professionelles Arbeiten, frei nach dem Motto: Was du heute kannst besorgen, das verschiebe nicht auf Morgen. Durch diese Vorgehensweise entfällt zusätzlich der Stress des „Nicht-vergessen-Dürfens".

4.2 Die individuelle Nachbereitung

Die individuelle Nachbereitung eines Erstkontakttermins ist ein weiteres Puzzleteilchen, mit dem Sie Ihren positiven Eindruck nachhaltig verstärken können. Durch eine strategische, individuell auf die Biostruktur abgestimmte Nachbereitung schaffen Sie die Voraussetzung, dass Ihr Gesprächspartner Sie als richtigen Ansprechpartner für sein zu lösendes Problem ernst nimmt und gerne weiteren Terminen mit Ihnen entgegen sieht.

Allerdings sollten Sie noch einige wichtige Aspekte berücksichtigen und bestimmte Vorgehensweisen beherzigen. Die Ihnen bereits bekannten drei verhaltenssteuernden Gehirne stehen auch hier im Mittelpunkt des Geschehens. Beginnen wir mit den individuellen Empfehlungen der Erstkontakt-Nachbereitung:

Individuelle Nachbereitung bei grün-dominanten Gesprächspartnern:

▶ **Am nächsten Tag:** Versäumen Sie nicht, sich spätestens am nächsten Tag noch einmal herzlich für das geführte und offene Gespräch zu bedanken. Dieses sollten Sie vorzugsweise per Telefon, alternativ und nur im Notfall per E-Mail machen. Sie zeigen so Nähe und Menschlichkeit, was speziell von grün-dominanten Gesprächspartnern als äußerst wichtig empfunden wird. Ein weiterer Vorteil, wenn Sie sich per Telefon melden, ist es, dass Sie unter Umständen weitere wichtige Details zum Besprochenen erfahren, die Ihnen helfen werden, den Zweittermin genauso gut oder noch besser zu bewältigen.

Individuelle Nachbereitung bei rot-dominanten Gesprächspartnern:

▶ **Eine Stunde nach den Termin:** Großen Eindruck hinterlassen Sie bei rot-dominanten Gesprächspartnern, wenn Sie sich spätestens eine Stunde nach dem Termin per E-Mail noch einmal für das geführte Gespräch bedanken. Hier genügt maximal ein Zweizeiler, der kurz und knapp formuliert sein darf. Sie zeigen so, dass Sie verstanden haben, worum es Ihrem Gegenüber geht, und vermitteln gleichzeitig, dass Sie die Dinge schnell in die Hand nehmen und nichts auf die lange Bank schieben. Das trifft mitten ins Herz aller rot-dominanten Personen, denn diese sind stark zeitgetrieben und wollen die Dinge schnell erledigt wissen.

Individuelle Nachbereitung bei blau-dominanten Gesprächspartnern:

▶ **Am nächsten Tag:** Blau-dominante Gesprächspartner können Sie nach einem Erstkontakt beeindrucken, wenn Sie am nächsten Tag per E-Mail noch einmal ein zusammenfassendes, logisch aufbereitetes Gesprächsprotokoll versenden. So gewinnt Ihr Gegenüber den Eindruck, dass Sie inhaltlich verstanden haben, worum es ihm geht, und Ihre Vorgehensweise professionell ist. Blau-dominante Gesprächspartner sind in ihrer Struktur sehr stark auf die Sache an sich konzentriert und legen großen Wert auf Genauigkeit und Korrektheit bei der Ausführung aller anstehenden Aufgaben. Das Menschliche steht hier vorerst nicht besonders stark im Vordergrund und muss daher auch nicht so stark gewichtet werden.

Individuelle Nachbereitung bei Gesprächspartnern ohne eindeutig erkennbare Dominanz:

▶ **Am nächsten Tag:** Bei Personen ohne deutlich erkennbare Biostruktur empfehle ich ein besonders behutsames Vorgehen in der Nachbereitungsphase. Versuchen Sie in einer E-Mail, alle drei Hirnbereiche anzusprechen. Das heißt: Seien Sie persönlich (grün), kommunizieren Sie einen Extrabonus (rot) und bestätigen Sie die besprochenen Inhalte per Protokoll (blau). Zugegeben, einfach ist das nicht. Doch ich bin sicher, je öfter Sie mit Gesprächspartnern ohne eindeutige Dominanz in Berührung kommen, desto besser wird Ihnen hier der richtige Umgang gelingen.

Wie Sie gesehen haben, ist auch in der meist vernachlässigten Nachbereitungsphase ein individuelles Vorgehen notwendig. Hier können genauso wie bei den ersten Worten der Begrüßung unbewusst Fehler gemacht werden, die es unter allen Umständen zu vermeiden gilt. Haben Sie die Biostruktur Ihres Gesprächspartners sicher erkannt und stellen Sie sich auf diese ein, werden Sie auch in der Nachbereitungsphase viele Aha-Erlebnisse bei Ihrem Gesprächspartner erzeugen, um so einen nachhaltigen, positiven Eindruck zu hinterlassen.

Schlusswort

Ich wünsche Ihnen sehr, dass Sie durch das Lesen dieses Buches die Menschen mit anderen Augen betrachten und Ihre zukünftigen Erstkontakte präziser und exakt auf die Biostruktur Ihres Gesprächspartners abgestimmt angehen können. Mut, Entschlossenheit und Fingerspitzengefühl im Umgang mit fremden Menschen haben mir geholfen, glücklicher und zufriedener zu werden. Somit war es nur eine Frage der Zeit, bis sich auch meine beruflichen Erfolge vervielfachten. Bitte seien Sie sich über eines im Klaren: Nur derjenige, der ein starker Erstkontakter ist, wird in der heutigen Zeit, in der Produkte und Dienstleistungen austauschbar geworden sind und der Mensch im Geschäftsleben immer mehr im Mittelpunkt steht, dauerhaft erfolgreich bleiben.

Achten Sie darauf, dass Sie noch mehr zu sich selbst stehen. Ihre Gesprächspartner und alle übrigen Mitmenschen werden das respektieren und anerkennen. Seien Sie tolerant gegenüber einem Verhalten, das von Ihrem eigenen abweicht. Lesen Sie auch später ab und zu in diesem Buch noch einmal nach und machen Sie in regelmäßigen Abständen die Übungen. Das verschafft Ihnen einen Überblick über den Stand Ihrer Weiterentwicklung. Schließen Sie einen Vertrag mit sich selbst, in dem steht, auf welchen Gebieten Sie sich weiter entwickeln wollen. Setzen Sie sich Fristen. Erzählen Sie Kollegen, Freunden und der Familie von Ihren Plänen und Vorsätzen. Das unterstützt Sie dabei, weiter an sich zu arbeiten. Haben Sie den Mut, Sie selbst zu sein. Vermeiden Sie ein Standard-Auftreten, rituelles Verhalten und nichtssagende Floskeln. Wer sich selbst kennt, weiß sehr genau, was er wert ist, und tritt gegenüber einem unbekannten Gesprächspartner ebenso natürlich und gestärkt auf wie gegenüber seiner Familie oder seinen besten Freunden. Gehen Sie mit Herz und Verstand an Ihre zukünftigen Erstkontakte und arbeiten Sie aktiv an Ihrer Entwicklung. Und besinnen Sie sich grundsätzlich auf die Haltung: „Ich bin O.K. – du bist O.K."

Ich wünsche Ihnen viel Erfolg!

Ihr *Thomas Leck*

Danksagung

Meine Danksagung richtet sich zum einem an Herrn Dr. Werner Siegert, ohne dessen Inspiration dieses Buch nicht entstanden wäre. Desweiteren danke ich auch Herrn Juergen Schoemen, Leiter des STRUCTOGRAM®-Zentrums in Speyer, für seine freundliche und tatkräftige Unterstützung.

Quellenverzeichnis

(1) Juergen Schoemen, Evolution der Persönlichkeit, 14. Auflage, Luzern 2011

(2) Der Schlüssel zur Selbstkenntnis, STRUCTOGRAM® Trainings-System 1 – Nur durch lizenzierte STRUCTOGRAM®-Trainer erhältlich

(3) Der Schlüssel zur Menschenkenntnis, STRUCTOGRAM®® Trainings-System 2 – Nur durch lizenzierte STRUCTOGRAM®-Trainer erhältlich

(4) Thesen 1–10: Werner Siegert, Vortrag 2011 in Stockdorf bei München

(5) Desmond Morris, Der Mensch mit dem wir leben, München 1983

(6) Michael Birkenbihl, Train The Trainer, Landsberg/Lech 1971

Weitere Quellen

Berne, Eric, Was sagen Sie, nach dem Sie „Guten Tag" gesagt haben?, Frankfurt am Main 2002
Birkenbihl, Vera F., Signale des Körpers und was sie aussagen, München 1979
Molcho, Samy, Körpersprache, München 1983
Siegert, Werner, Führen ohne Konflikte?, Renningen 1987

Der Autor

Thomas Leck ist gelernter Schreiner und Einzelhandelskaufmann. Er verfügt über jahrelange Erfahrungen als Kundenberater im Verkauf von hochwertigen Konsumgütern und arbeitet seit einigen Jahren als selbständiger Trainer und Business Coach. Er schult Verkäufer, Kundenberater und Mitarbeiter aus unterschiedlichen Branchen in den Schwerpunkten Verkauf und Kunden-Erstkontakt.

Während seiner früheren Tätigkeit als Kundenberater und seit mehr als 15 Jahren Selbständigkeit im Vertrieb hat Thomas Leck sein Wissen und seine Erfahrungen von Grund auf professionalisiert. Die Ausbildung zum European Business Trainer® (EBT und BDVT – zertifiziert), die Spezialisierung zum lizenzierten STRUCTOGRAM®-Trainer und eine hohe Anwendungssicherheit im NLP runden sein Profil ab.

Speziell im Einzelcoaching bietet Thomas Leck Individualität und Passgenauigkeit bezüglich Persönlichkeitsentwicklung.

Kontakt:

people communication
Thomas Leck
Mettenstraße 64
80638 München
Tel: 089 – 411 75 085
Fax: 089 – 411 75 082
E-Mail: info@people-communication.de
Web: www.people-communication.de

The manufacturer's authorised representative in the EU is Springer Nature Customer Service Centre GmbH, Europaplatz 3, 69115 Heidelberg, Germany. If you have any concerns regarding our products, please contact ProductSafety@springernature.com

Printed and bound by CPI Group (UK) Ltd, Croydon, CR0 4YY

25/03/2026

02078196-0010